GONZALO DE BERCEO

POEMA DE
SANTA ORIA

EDICIÓN DE
ISABEL URIA MAQUA

clásicos castalia

POEMA DE SANTA O

clásicos **CC** *castalia*

GONZALO DE BERCEO

POEMA DE SANTA ORIA

Edición,
introducción y notas
de
ISABEL URÍA MAQUA

clásicos *castalia*

Madrid

Impreso en España - Printed in Spain
por Unigraf, S. A. Fuenlabrada (Madrid)

Cubierta de Víctor Sanz

I.S.B.N.: 84-7039-379-0
Depósito Legal: M-27878-1981

SUMARIO

A la memoria de mi padre
Juan Uría Riu

La materia es alta
temo que peccaremos...
S. Or. xcib

INTRODUCCIÓN

BIOGRÁFICA Y CRÍTICA

GONZALO DE BERCEO: VIDA Y OBRA

L O S únicos datos seguros que poseemos sobre la vida de Gonzalo de Berceo son, de una parte, los que él mismo declara en sus obras; y de otra, los que nos suministran una serie de documentos notariales del Monasterio de San Millán de la Cogolla, que comprenden un período entre 1220 y 1246, y en los que el poeta firma como testigo. [1]

Por sus obras conocemos su nombre y sabemos que nació en Berceo y se educó en el Monasterio de San Millán de Suso (Milag. 2a; S. Dom. 757ab; S. Mill. 489abc). Por los documentos sabemos que era diácono en 1221 y preste en 1237, y, teniendo en cuenta que para ser diácono debía tener, por los menos, veintiséis años, [2] y que en 1246 todavía firma como testigo, podemos conjeturar que nació

---

[1] Vid. Peña, *Documentos*, 79-93. Anteriormente, Narciso Hergueta había publicado, fragmentariamente, los documentos de los años 1237, 1242 y 1246, en *RABM*, X (1904), 173-78; y Menéndez Pidal publicó íntegros los documentos de los años 1228, 1240, 1242 y 1246, en *Documentos Lingüísticos de España*. Madrid, 1919, t. I, docs. n.os 87, 91, 94 y 95.

[2] Vid. *Partidas*, Ley XXVII, Tit. VI, Partida 1.ª "... e quando fuere de edad de veynte, e seys años, puede rescebir Orden de Diácono; e quando andouiere en hedad de treinta años, puede rescebir Orden de Preste."

a finales del siglo XII, y murió a mediados del siglo XIII, o más tarde, ya que de la c. II del *Poema de Santa Oria* (*Quiero en mi vegez, maguer so ya cansado*), se desprende que alcanzó una edad avanzada. [3]

Durante el siglo XVII y parte del XVIII, se creyó que Berceo había sido contemporáneo de Santo Domingo de Silos, y se le consideraba monje del Monasterio de San Millán. El primero que deshizo el error de situar a Berceo en el siglo XI fue el P. Mecolaeta, abad de San Millán de 1737 a 1741, quien se lo comunicó al P. Sarmiento, según declara éste en los núms. 577-581 de sus *Memorias para la Poesía y poetas españoles* (Madrid, 1775). Años más tarde, Tomás Antonio Sánchez, en su *Colección de poesías castellanas anteriores al siglo XV*, [4] deja asentado que Berceo no fue monje, sino clérigo secular, basándose en que no firma nunca entre los monjes, según le comunican el Padre Ibarreta y el entonces archivero de San Millán, Fray Plácido Romero.

Cuestión que ha merecido siempre un especial interés a la Crítica es la de la personalidad del poeta, con la particularidad de que, a lo largo del tiempo, los criterios con respecto a este punto han cambiado notablemente, oscilando desde una concepción de un Berceo ingenuo, sencillo y candoroso, de no mucha cultura y escaso conocimiento del latín, [5] hasta la de un Berceo interesado y calculador, notario del abad Juan Sánchez, que escribe sus poemas movido por intereses económicos y con fines propagandísticos. [6]

Hoy sabemos que Berceo no fue, ni mucho menos, el clérigo ingenuo, sencillo y de mediocre cultura que algunos críticos se han complacido en presentarnos; pero, la ima-

---

[3] Vid. Dutton, *La fecha del nacimiento*, 265-67.

[4] Tomo II. Madrid, 1780, p. 7.

[5] Vid. Menéndez Pelayo, *Historia*, I, pp. 174 y 178-79; Pidal, *Poesía juglaresca*, pp. 274-75; Solalinde, *Milagros*, pp. XII-XIV; Valbuena, *Historia*, I, p. 78; Artiles, *Los recursos*, pp. 25-26.

[6] Vid. Dutton, *San Millán*, pp. 163 y ss.; Walsh, *A Possible Source*, 300-7.

gen opuesta que de él nos da cierto sector de la Crítica moderna, tampoco podemos aceptarla en todos sus aspectos y con todas sus implicaciones.

Así, la tesis de Brian Dutton de que Berceo era el notario del abad Juan Sánchez [7] no es muy convincente, puesto que en ninguno de los trece documentos en los que firma, lo hace ni como notario, ni como escribano, sino que su nombre aparece entre los demás testigos, como uno más. El título de notario que se da a Berceo en la última cuaderna del *Libro de Alexandre* del Ms. de Paris (s. xv), no nos parece un argumento sólido para apoyar esta tesis, ya que, habida cuenta de lo tardío de la fecha de este manuscrito, el valor y grado de verismo de las muchas interpolaciones que contiene, con respecto al Ms. de Osuna del siglo xiii, resultan más que dudosos.

En cuanto al hecho de que Berceo revele, en sus obras, un conocimiento de ciertas fórmulas y términos jurídicos, tampoco es un argumento probatorio, pues cualquier hombre letrado de su época tenía que estar familiarizado con la terminología y fórmulas jurídicas más corrientes que entonces estaban al uso. Por otra parte, muchos de esos términos y fórmulas legales, empleados por Berceo, estaban ya en las fuentes latinas, como señala el mismo Dutton; de manera que Berceo no hizo más que traducirlos al romance.

Lo que es indudable es que Berceo poseía una sólida y amplia cultura, y vastos conocimientos de las Retóricas antiguas, así como de las *Artes dictandi* y *praedicandi*, [8] pues todo esto se refleja en sus obras, aun cuando en ellas abunden también las fórmulas épicas y juglarescas. Incluso, es muy probable que los estudios realizados en el Monasterio de San Millán los completase luego con unos años de asistencia a los recién creados Estudios Generales

[7] *The profession*, 137-145.
[8] Para el conocimiento de la *Retórica* y *Artes Dictandi* y *Praedicandi*, en España, en los siglos xiii y xiv, vid. Faulhaber, *Latin Rhetorical*, especialmente, pp. 61-97 y 103-121.

de Palencia. Si es así, como ha sido señalado por Dutton, [9] hemos de pensar que fue en la Universidad palentina en donde aprendió el nuevo *arte de clerecía,* cuyo origen francés parece hoy admitido. [10]

En este nuevo arte compuso todas sus obras, es decir, en cuadernas monorrimas de versos de 14 sílabas, divididos por la pausa o cesura en dos isostiquios.

Todos los poemas de Berceo son de contenido religioso y de carácter predominantemente narrativo, si bien en ellos abundan los rasgos de lirismo y los elementos de valor dramático. El conjunto de sus obras suele dividirse en tres grupos, en razón a su naturaleza:

Obras marianas: *Milagros de Nuestra Señora, Loores de Nuestra Señora, Duelo que fizo la Virgen el día de la Pasión de su Hijo.*

Obras hagiográficas: *Vida de San Millán de la Cogolla, Vida de Santo Domingo de Silos, Vida de Santa Oria, Martirio de San Lorenzo.*

Obras doctrinales: *El Sacrificio de la Misa, Los signos que aparecerán antes del Juicio.*

Además, nos ha dejado tres *Himnos* que son traducción de otros latinos.

No podemos afirmar tajantemente que éstos sean todos los poemas que escribió Berceo y que no existiese ninguno más de los que hoy conocemos; pero es, realmente, muy remota la posibilidad de que haya escrito otras obras y se hayan perdido sin dejar rastro de su existencia. Recordemos que los dos Códices de San Millán, el "in folio" (s. xiv) y el desaparecido "in quarto" (s. xiii), que recogieron, formando colección, las obras de Berceo, no

---

[9] *French influences,* 73-93.
[10] Vid. Dutton, *French influences,* 83-87. El origen francés del verso alejandrino ya fue señalado en el siglo xvi por Argote de Molina, *Discurso de la poesía Castellana,* al fin de *El Conde Lucanor,* Sevilla, 1575, fol. 95[v]; posteriormente, Pidal, *Poesía juglaresca,* pp. 277-78; Baehr, *Manual,* pp. 168-171; Henríquez Ureña, *Sobre la historia,* 1-11.

tenían, en la primera mitad del siglo XVIII, más obras que las que hoy conocemos, y sería demasiada casualidad que en ambos Códices se hubiesen perdido precisamente las mismas obras, sin que de esta pérdida quedara alguna noticia o recuerdo.

Por otra parte, el descubrimiento del Ms. de Paris (s. XV) del *Libro de Alexandre,* en 1888, cuya última cuarteta dice:

> Sy queredes saber quien fizo esti ditado,
> Gonçalo de Berceo es por nombre clamado,
> natural de Madriz, en Sant Mylian criado,
> del abat Johan Sanchez notario por nombrado.

planteó el problema de la autoría de esta obra, surgiendo entonces una fuerte polémica en la que tomaron parte varios críticos. No obstante, la atribución a Berceo ha ido perdiendo cada vez más terreno, y puede decirse que hoy son pocos los que defienden esta autoría.[11]

En cuanto a la finalidad de sus obras, y el público al que iban destinadas, así como su forma de difusión, es otra de las cuestiones por las que la Crítica berceana se ha interesado mucho, y que se relaciona estrechamente con la de la personalidad del poeta, a la que ya nos hemos referido.

En líneas generales, y prescindiendo de pequeños matices diferenciales, se puede decir que, a este respecto, las opiniones se dividen en dos grupos: *a)* de una parte, los que piensan que las obras de Berceo iban destinadas a un público muy amplio y que, por tanto, debían ser difundidas por medios y maneras muy similares a los de las obras

[11] Sobre el autor del *Libro de Alexandre* y su atribución a Berceo, vid. Alarcos, *Investigaciones,* pp. 47-57; Dutton, *The profession,* 137-145; Gorog, *La sinonimia,* 353-67; Dana Nelson acaba de publicar una edición del *Alexandre* bajo la autoría de Gonzalo de Berceo. Sobre un posible poema de Berceo a Nuestra Señora de Valvanera, vid. Pérez Alonso, *Historia de la Real Abadía.*

de juglaría; esto es, en recitaciones ante una muchedumbre de gentes, sea por el mismo Berceo, por los monjes de San Millán o, incluso, por juglares asalariados, no sólo en San Millán de la Cogolla, sino también en otros lugares de La Rioja y Castilla; [12] b) de la otra, los que creen que Berceo escribió sus poemas para una minoría culta, y, por tanto, para ser leídos en privado, o bien, a veces, en veladas y reuniones de carácter local, ante un número reducido de personas de cierto grado de cultura; [13] es decir, se trataría, en todo caso, de un público selecto, muy distinto del público de los juglares.

Teniendo en cuenta que la forma y grado de difusión de una obra literaria depende, lógicamente, de su naturaleza y carácter, es probable que las obras de Berceo se hayan difundido de ambas maneras, pues hay poemas, como por ejemplo, *La Vida de San Millán* y/o *La Vida de Santo Domingo,* que parecen destinados a un público más amplio, que otros, como por ejemplo, *El Sacrificio de la Misa, Los Signos que aparecerán antes del Juicio,* o el mismo *Poema de Santa Oria.* [14]

No obstante, una cosa parece cierta y es que los poemas de Berceo no debieron tener mucha difusión, pues el Marqués de Santillana ni siquiera los menciona en su *Carta Prohemio,* y, por otra parte, apenas se conservan copias medievales fuera de las de San Millán y Silos. Todo esto hace pensar que el conocimiento de las obras de Berceo no transcendió más allá del ámbito de estos dos Monasterios.

[12] Pidal, *Poesía juglaresca,* pp. 274-75; Solalinde, *Milagros,* p. XIII, n.º 2; Artiles, *Los recursos,* pp. 32-36; Dutton, *San Millán,* pp. 172-182.

[13] Amador de los Ríos, *Historia crítica,* III, pp. 248-251; Menéndez Pelayo, *Historia,* pp. 159-160; Lanchetas, *Gramática,* p. 26; Gybbon-Monypenny, *The Spanish,* 230-244.

[14] Para el distinto público de las Vidas de Santos de Berceo, vid. Ruffinatto, *Berceo agiógrafo,* 230-244.

SANTA ORIA: DATOS BIOGRÁFICOS Y PERFIL HISTÓRICO

Los datos fundamentales de la vida de Santa Oria los conocemos por el poema de Berceo. Por él sabemos que nació en Villavelayo, [15] que sus padres se llamaron Amunia y García, y que siendo muy joven se recluyó, con su madre, en el Monasterio de San Millán de Suso, [16] en donde permaneció hasta su muerte, gozó de una serie de visiones celestiales los últimos años de su vida, y se apareció a su madre después de morir. También nos dice Berceo que su cuerpo fue enterrado en una cueva excavada en la roca, detrás de la Iglesia del Monasterio de Suso. [17]

Estos datos biográficos se complementan con una *Memoria Cronológica* que cita el Padre Argaiz, [18] cuyas fechas, confrontadas con las que nos suministra Berceo en su poema, nos revelan que Oria nació el año 1043; entró reclusa a los nueve años, en 1052; tuvo su primera visión a los veinticinco años, en 1068, y murió a los veintisiete años, en 1070. [19] Por el *Catálogo de los abades* del Monasterio de San Millán, [20] sabemos que cuando Oria entró en el Monasterio, el abad era don Gonzalo, y que a su muerte, lo era don Pedro V, quien, como se dice en el poema (CLXXXIb), estuvo presente en el tránsito de la Santa.

También se deduce del poema el nivel cultural de la joven reclusa, indudablemente alto para su condición de mujer y la época en que vivió. Efectivamente, de la c. XXXVIIb, se desprende que Oria leía habitualmente Vidas

---

[15] Pueblo de la Rioja Alta, en la provincia de Logroño, a seis leguas de San Millán de la Cogolla, situado en la confluencia de los ríos Neila y Najerilla, entre la Sierra de Urbión y la Sierra de la Demanda.

[16] Algunos autores añaden la noticia de que García, el padre de Oria, se retiró al yermo, después de aprobar la decisión de su mujer e hija, vid. Mecolaeta, *Historia aliquorum,* fol. 104.

[17] Actualmente, la cueva puede verse, cerrada por una verja.

[18] *La Soledad Laureada,* II, Cap. XLI, fol. 338ᵛ.

[19] Para un mayor desarrollo de la cronología de la vida de Oria, vid. Uría, *Oria emilianense,* 334-35.

[20] Apud. Mecolaeta, *Historia aliquorum,* fols. 104ᵛ y 108ᵉ.

de Santos y relatos piadosos de mártires, los cuales, naturalmente, estaban escritos en latín. Por consecuencia, Oria, no sólo sabía leer, sino que leía, incluso, un género de obras que exigía un conocimiento básico de la gramática latina, ya que los hagiógrafos eran escritores que manejaban un latín relativamente difícil.

Por otra parte, la misma Oria nos dice (LXXIId-LXXV) que tuvo una maestra, llamada Urraca, cuya doctrina despertó su vocación. Esto implica que sus padres se preocuparon de darle una cuidada educación desde muy niña, puesto que a los nueve años entró reclusa en San Millán de Suso, y esta decisión vino influida por las enseñanzas de su maestra, de donde se infiere el carácter acomodado de la familia.

Otros aspectos de la personalidad de Oria, que pueden deducirse del mismo poema, son su espíritu contemplativo, tendente a la mística, [21] y su absoluta serenidad interior, pues en ningún momento se nos dice que haya sufrido tentaciones, tan frecuentes, por lo demás, en las vidas de los santos. Podemos compararla, a este respecto, con la otra reclusa Oria, de Silos (S. Dom. 316-333), a quien Santo Domingo tuvo que exorcizar para apartar de ella las terribles apariciones del demonio, el cual, en forma de serpiente, se le presentaba una y otra vez para tentarla. [22]

No sabemos desde cuando la ejemplar vida de la joven asceta, recluida en Suso, transcendió de los estrechos límites del monasterio, y llegó a ser considerada como Santa. [23] Lo más probable es que ya gozase en vida de una

---

[21] Ya Menéndez Pelayo, *Historia*, I, p. 177, señaló el carácter místico de las visiones de la "serraniella de Villavelayo" y las consideró como el más antiguo antecedente de la literatura mística.

[22] Sobre las tentaciones de la Oria silense, vid. Deyermond, *Berceo*, 85-90.

[23] Como es sabido, hasta época muy avanzada no se hacía un examen sobre la persona que se intentaba venerar como santa. El proceso se limitaba a trasladar sus reliquias de la tumba a un altar, ceremonia que realizaba el obispo de la diócesis, sin la intervención de Roma, y que suponía el reconocimiento por parte

cierta veneración, por sus singulares virtudes y, sobre todo, por sus visiones celestiales, que causarían admiración y asombro a las gentes de la localidad. Es de suponer que, incluso, muchos acudirían a la celda de la reclusa para oírlas relatar de sus propios labios, con lo que su celebridad y renombre se extendería pronto a los pueblos vecinos.

De todos modos, el hecho de que, poco después de su muerte, un monje llamado Munio escribiese su *Vida*, indica que ya entonces era considerada como una criatura excepcional, cuyas visiones sobrenaturales merecían ser inmortalizadas en letra latina. Más adelante, en el siglo XIII, el poema de Berceo, en lengua romance, basado en la *Vita latina* de Munio, debió de colaborar a que su fama se extendiese, aumentando la veneración de las gentes por la joven reclusa enterrada en Suso. Veneración que debió seguir creciendo, a lo largo de los siglos XIV, XV y XVI, y que culminó con el traslado de sus reliquias a la nueva Iglesia de Yuso.

En efecto, según se refiere en el citado *Catálogo de los abades* de San Millán, el día 9 de junio de 1609, Fray Diego de Salazar trasladó, en solemne procesión, los restos de Santa Oria a la Iglesia de Yuso, junto con los de Santa Potamia, y los depositó en una urna de plata, detrás del Altar Mayor, regalando a los vecinos de Villavelayo un hueso de Santa Oria. [24]

Poco después, en el mismo pueblo de Villavelayo se creó una Cofradía de Santa Oria, cuyo documento más antiguo conservado es una Bula del Papa Urbano VIII, concediendo el permiso, expedida el año 1625; por tanto, parece que la iniciativa de esta Cofradía puede fijarse unos años más atrás. [25]

---

de las gentes de la santidad de la persona en cuestión, si bien este culto solía tener un carácter meramente local.

[24] Fol. 104^v y 108^v. Actualmente esta reliquia se conserva en la parroquia de Villavelayo, en un nicho abierto en el muro del lado del Evangelio.

[25] Estos datos están sacados del *Libro de Cuentas de la Cofradía de Santa Oria*, que se guarda en la parroquia de Villavelayo,

Por otra parte, existe en Villavelayo una ermita de Santa Oria, la cual, según una tradición aún hoy viva en el pueblo, fue levantada en el mismo solar de la antigua casa de la familia. No sabemos a cuándo puede remontar la primitiva construcción de esta ermita, pero sabemos que ya existía cuando se fundó la Cofradía, pues en el citado *Libro de Cuentas* se alude varias veces a la "Cofradía de Santa Oria, fundada en la ermita del título de la expresada Santa".

Tanto la ermita como la Cofradía cumplen todavía su función de mantener y acrecentar la devoción por la Santa, celebrándose en el pueblo dos fiestas anuales, una el 11 de marzo, que conmemora su muerte, y otra el 11 de septiembre. [26] Y aún hoy es frecuente, tanto en Villavelayo como en los pueblos vecinos, bautizar a las niñas con el nombre de Oria.

Su vida no sólo fue recogida en prosa latina y en verso romance por los dos hagiógrafos emilianenses, Munio y Berceo, sino que los modernos editores de *Vidas de Santos* también la recogieron en sus *Colecciones*, tanto latinas como romances.

---

ya muy destruido, faltándole cuatro folios al principio. El primer folio de los conservados contiene una sesión, celebrada el día 19 de marzo de 1708, a la que siguen otras, celebradas anualmente, hasta el 27 de julio de 1832 (fol. 127r). Aquí se interrumpen las sesiones y, después de varias hojas en blanco y sin foliar, se reanudan el día 25 de marzo de 1903. Como las sesiones se celebran cada año y cada sesión ocupa un folio, o algo más, podemos calcular que los cuatro folios que faltan al principio contenían tres o cuatro sesiones y que, por tanto, el *Libro* debía comenzar hacia el año 1704 ó 1705. Por otra parte, en las sesiones se hace referencia a otros *Libros de Cuentas*, más antiguos, que hoy ya no se conservan.

26 Antes se celebraba también una fiesta votiva con misa solemne y procesión, el domingo siguiente al jueves del Corpus Christi, para conmemorar la traslación de las reliquias de la Santa. Dicha festividad fue prohibida, en sesión celebrada el día 28 de noviembre de 1831, por los "abusos, pendencias y desórdenes" que se cometían en ella, a causa de los muchos vecinos de los pueblos limítrofes que acudían ese día a la fiesta (*Libro de Cuentas*, fol. 126r).

La fuente del poema y el Monje Munio

A juzgar por las citas y declaraciones que hace Berceo, a lo largo del *Poema de Santa Oria* (VII-IX; CLXXIII-CLXXIV), la fuente principal del mismo fue una *Vida* latina, escrita por un monje de San Millán, llamado Munio, maestro o confesor de la Santa, así como de su madre, Amunia, quien se informó directamente de ambas para escribir su *dictado*.

Sobre la personalidad de este monje Munio, hagiógrafo de Santa Oria, sabemos muy poco más de los datos que nos proporciona Berceo en su poema, en el cual, además de darnos su nombre y decirnos que fue *maestro* de Oria y autor de su *Vida,* le dedica una serie de juicios elogiosos, en los que pone de relieve su veracidad, lealtad y santidad, así como también su maestría, conocimientos y pericia en el arte de escribir.

A parte de estos juicios de Berceo, contamos con otro testimonio que acredita a Munio como un escritor de talla, y como un personaje importante del Monasterio de San Millán, en el siglo XI. Se trata de la inscripción que se lee en el frontispicio principal de la arqueta de las reliquias de San Millán, en el cual figuran cuatro personas de autoridad y prestigio. A los lados del Cristo en Majestad están el rey don Sancho y la reina doña Plasencia, y a cada lado del Cordero hay dos monjes, postrados y en actitud orante, uno de los cuales es don Blas, primer abad del Monasterio de Yuso (1067-1081), que fue quien mandó construir la arqueta de las reliquias, como se lee en la inscripción que acompaña a esta figura: "Blasius abbas huius operis effector"; el otro es el monje Munio, calificado de escritor de alto estilo: "Munius scriba politor supplex", dice la inscripción.

Aunque no podemos probar de una manera fehaciente la identidad de este Munio, *scriba politor,* con el hagiógrafo de Santa Oria, pensamos, en buena lógica, que se trata de la misma persona, pues sería mucha casualidad que coincidiesen por los mismos años (la arqueta se hizo para la Traslación del 26 de septiembre de 1067), en el mismo monasterio, dos escritores notables, con el mismo nombre. [27]

Por otra parte, se conservan doce documentos del Monasterio de San Millán que abarcan un período desde 1048 a 1087, en los cuales figura como escriba un monje llamado Munio. Cuatro de estos documentos son originales, o sea, autógrafos de Munio, y presentan una caligrafía muy cuidada; los ocho restantes sólo son copias tardías. [28]

Dada la triple coincidencia de la época, el nombre, y el oficio de escritor, pensamos que este escriba Munio, debe ser el mismo que figura en la inscripción de la arqueta de San Millán, y, por tanto, el autor de la *Vida* latina de nuestra Santa.

Dámaso Alonso [29] ha sugerido la posibilidad de que el escriba Munio de los citados documentos haya sido también el autor de la *Nota Emilianense,* basándose en un minucioso estudio de los rasgos de la letra de esta *Nota* y los de los documentos escritos por aquél. Desde luego cabe esta posibilidad, aun cuando pueda extrañar que un escriba de San Millán, calificado de *politor supplex,* y ha-

---

[27] El primero que sugirió la identidad del escriba Munio de la arqueta de San Millán con el Munio, hagiógrafo de Santa Oria, fue el P. Peña, en "Glosas a la Vida de Santa Oria", *Berceo,* XVI (1961), 371-382 (375-76). En el mismo artículo, cita el P. Peña dos escrituras, de los años 1071 y 1082, en la primera de las cuales el rey Sancho, el de Peñalén, dona a un presbítero, monje de San Millán, llamado Munio, el Monasterio de Santa María de Cárdenas, y en el segundo, los vecinos de Madriz venden al mismo don Munio todos los territorios que rodean el citado Monasterio por seis sólidos de plata, y dicen que lo hacen, más que por el dinero, por la buena amistad que siempre les ha unido con don Munio. Es posible que este don Munio, tan favorecido por el rey y tan estimado por los vecinos de Madriz, sea el mismo Munio, escriba, y hagiógrafo de Santa Oria, como sugiere el P. Peña.

[28] Dámaso Alonso, *La primitiva épica,* pp. 83-200, especialmente las 196-200.

[29] *La primitiva épica.*

giógrafo latino, escribiese un latín tan bárbaro y tosco como parece ser el de la *Nota Emilianense*. [29 bis]

Sea como fuere, todo nos induce a pensar que el monje Munio, autor de la *Vida* latina de Santa Oria, era un hombre de cultura, como subraya el mismo Berceo, y una figura importante en su tiempo, en el Monasterio de San Millán.

Desgraciadamente, esta *Vida* latina no ha llegado hasta nosotros, ni tenemos noticias de su paradero. Todo lo que sabemos es que en la primera mitad del siglo XVIII ya se había perdido o, al menos, ya faltaba del archivo del Monasterio de San Millán, pues el P. Mecolaeta, que fue abad del mismo los años 1737-41 dice haberla buscado, afanosamente, entre los Códices y pergaminos de su archivo, sin éxito alguno. [30] Incluso, debemos pensar que ya faltaba en el siglo XVI, pues el P. Andrés de Salazar, en el Capítulo VII del Libro Segundo de su *Historia de San Millán* (1607) habla de Santa Aurea y, después de elogiar la vida y visiones de la Santa, remite al lector interesado, no a la *Vida* latina de Munio, sino al poema de Berceo y a las *Fundaciones de San Benito* de Fray Prudencio de Sandoval, en donde se da un breve resumen de la vida de Oria. [31] Como en el prólogo de su obra el P. Salazar afirma que en el archivo de su monasterio hay más de 120 libros, todos leídos por él, y no menciona la *Vida* latina de Munio, a pesar de su interés por el tema, tenemos que concluir que, en su tiempo, ya se había perdido. [32]

En cuanto al citado resumen de la vida de Santa Oria que da el P. Sandoval, en sus *Fundaciones*, no obstante lo que dice en el título o encabezamiento del mismo:

[29 bis] Este reparo ya lo han hecho R. Walpole y María Rosa Lida, *Notas*, 23, n. 7.
[30] *Vita S. Aurea Virginis Reclusae...*, en *Historia aliquorum*, fol. 17r; Peña, *Glosas*, 372.
[31] *Primera parte de las fundaciones de los Monasterios del... padre san Benito...*, Madrid, Luis Sánchez, 1601, fols. 39-41.
[32] Peña, *Glosas*, 373-74.

VIDA DE LA BIENaventurada virgen santa Aurea, monja
de san Benito, sacada de un libro antiquísimo, escrita por
un monje, de san Millan, llamado Munno, que la vio, y
trató.

tiene todas las trazas de estar compuesto con datos saca-
dos del poema de Berceo y de alguno de los rezos o *leccio-
nes* antiguas de la Santa, pero no de la *Vida* latina de Mu-
nio, que, indudablemente, en su tiempo ya no debía de
existir. [33]

Al no conocer este texto latino, no podemos hacer com-
paraciones entre él y el poema romance de Berceo, y, por
tanto, no podemos saber si todos sus elementos y secuen-
cias estaban en la *Vida* de Munio, o Berceo incorporó algu-
nos nuevos de su propia fantasía, o tomados de otras
fuentes.

Sabemos que muchos de los motivos y elementos que
configuran las visiones de Oria tienen precedentes en
otras obras latinas del género hagiográfico, de los siglos
v al xii. Así, la visión de un coro de Vírgenes, el énfasis
en lo blanco, la luz intensa, la mención de Cristo como
Esposo, la paloma, la columna con la escala que conduce
al Cielo, etc., se encuentran, más o menos iguales, en
otras Vidas de Santos y Santas famosas y Libros de Vi-
siones; [34] pero no podemos precisar si todos estos moti-
vos se remontan a Munio o algunos fueron incorporados
por Berceo.

No obstante, el mismo texto de nuestro poeta nos apor-
ta algunos datos, por los que podemos inferir que en este
poema siguió la misma pauta que en sus otras obras hagio-
gráficas; es decir, que en lo fundamental del relato se

---

[33] El P. Peña, *Glosas*, 374, apunta como fecha probable de esta
pérdida el siglo xiv, con motivo de una incursión del rey don Pe-
dro I (1350-69) al Monasterio de San Millán, en la que se que-
maron y destruyeron muchos documentos del archivo de este Mo-
nasterio.
[34] Patch, *El otro mundo*, pp. 89-141; Walsh, *A Possible Source*,
304-7.

ajustó, totalmente, al modelo o fuente latina que manejaba.

Nuestra opinión se sustenta en unos pocos puntos, muy concretos, que —creemos—, son claros indicios de la fidelidad con que Berceo respetó y mantuvo, en su poema, todos los datos y noticias que le suministraba el relato de Munio.

Así, es de notar que, aparte de los tres obispos-abades, don Sancho, don García y don Gómez (LXIV-LXV) los cuales, por su personalidad y cargo, fueron especialmente recordados en la historia del Monasterio emilianense, las demás personas que Oria ve en las visiones no parecen tener un especial relieve histórico-social, como para ser recordadas, en un poema, dos siglos después de su muerte. Así Bartolomeo; don Gómez de Mansilla; don Jimeno de Velayo y su criado Galindo; Urraca y Justa; los monjes de Valvanera Monio y Nuño; Galindo el ermitaño, y el anciano don Sancho de Mansilla, tenían que ser, lógicamente, desconocidos para Berceo, que vive en el siglo XIII; y de hecho, la misma manera de citarlos, como de pasada, indica su falta de información sobre tales personas; por consiguiente, su mención en el poema sólo se explica porque así figuraban en la *Vida* latina de Munio.

Nótese, además, que estas personas no tienen ninguna función en el desarrollo del poema: aparecen, fugazmente, una sola vez, y no vuelven a figurar a todo lo largo de la obra; son, en suma, personajes que no intervienen en la acción, elementos inertes que fácilmente podrían suprimirse, sin que la estructura del poema se alterase sustancialmente. Sin embargo, Berceo los incluyó en sus versos, adaptando sus nombres al metro y rima de los mismos, en algunos casos con sintagmas claramente superfluos o ripiosos, como por ejemplo los que completan los versos a) c) y d) de la c. LIX.

Ahora bien, esta probidad en nombrar una serie de personas del siglo XI, que, por su escaso relieve histórico-social, es difícil que Berceo —y menos aún sus lectores del siglo XIII— pudiesen reconocer, ni identificar, es por sí misma reveladora de la actitud fidedigna de nuestro poeta con respecto a la fuente latina.

Aparte de esto, hay en el poema otros dos puntos muy importantes que apoyan nuestra opinión de la fidelidad de Berceo con respecto al relato del monje Munio. Uno de ellos es el Calendario religioso o fechas del Santoral que se utilizan para localizar las visiones de Oria y de su madre. En general, las fechas que se dan en el poema coinciden en ambos Calendarios, el mozárabe y el romano; pero hay una que cambia del uno al otro. Me refiero a la fiesta de Santa Eugenia, en que se localiza la primera visión de Oria. Dicha fiesta se celebraba el día 27 de diciembre en el Calendario mozárabe, y el 25 de dicho mes en el romano, [35] el cual, como es sabido, sustituyó al anterior, a partir del Concilio de Burgos de 1081. Sin embargo, el Calendario que se sigue en el poema para localizar dicha fiesta es el mozárabe, como se deduce, sin lugar a dudas, de la c. XXVIIIab: *Terçera noche era, despues de Navidat, / de Sancta Eügenia era festividat;* es decir, el poema sitúa la celebración de Santa Eugenia en la fecha vigente en tiempos de Oria y Munio, mas no en el siglo XIII en que escribe Berceo. Como no tiene sentido pensar que nuestro poeta tuviese la precaución de situar dicha fiesta de acuerdo con un Calendario derogado hacía más de siglo y medio, hemos de pensar que la localización de la primera visión de Oria es un dato que remonta a la *Vida* latina del monje Munio, que Berceo respeta y transmite con toda fidelidad. [36]

El otro punto a que nos referíamos se encuentra en el último episodio del poema (CXC-CCIII), en el que Oria, después de morir, se aparece a su madre. En las cuadernas CXCIII-CXCIV de dicho episodio, Oria responde a la

---

[35] Vid. *Pasionario Hispánico*, I, p. 176.
[36] A pesar de todo esto, Burke, *The four "Comings"*, 298, insiste en atribuir a Berceo la localización de la Primera Visión de Oria el día de Santa Eugenia.

pregunta de Amunia, sobre la razón de su venida, con las siguientes palabras:

CXCIII   «Madre, dixo la fija, fiesta es general,
          como *Resurrección* o como la *Natal*
          oy prenden los christianos el Çevo Spiritual,
          el Cuerpo de don Christo, mi Señor natural.

CXCIV   *«Páscua es en que deven christianos comulgar,*
          reçebir Corpus Domini sagrado en altar,
          yo essi quiero, madre, resçebir e tomar,
          e tener mi carrera, allá quiero andar.»* [37]

La *fiesta general* que Oria equipara a la *Resurrección* y a la *Natal* es, obviamente, la de Pentecostés (cf. CXCb). Se trata, pues, de las tres Pascuas del año litúrgico: la de Navidad, la de Resurrección y la de Pentecostés. Oria insiste en que ese día (el de Pentecostés) los cristianos *deben comulgar,* y pide para sí misma que se le traiga la comunión. [38] Ahora bien, el Concilio de Agde (506) promulgó la orden de comulgar, por lo menos, en las tres Pascuas anuales, [39] y esta orden, renovada en el año 813, continuó vigente hasta 1215, en que el IV Concilio Lateranense limita la comunión obligatoria a una vez al año, por Pascua de Resurrección. Es evidente, pues, que las palabras de Oria, en CXCIII y CXCIVab, han de referirse a la orden del Concilio de Agde, ratificada en el 813, y que, por tanto, la fuente de este episodio remonta a una época anterior a 1215, año en que el IV Concilio de Le-

---

[37] La *cursiva* es mía.

[38] Rectifico aquí mi error *(El Poema,* p. 40, n. 50) con respecto a la fecha en que se estableció la fiesta del Corpus Christi. Es cierto que dicha fiesta fue instituida por el Papa Urbano IV, en 1264, por medio de la bula *Transiturus de hoc mundo;* pero Urbano IV murió enseguida, y la bula no tuvo efecto hasta que Clemente V la confirmó y la introdujo en las *Constituciones Clementinas,* publicadas en 1317. Por tanto, las palabras de Oria, en CXCIII y CXCIV, no pueden referirse a la fiesta del Corpus Christi, que no existía ni en su época ni en tiempos de Berceo. Vid. Garrido, *Curso de Liturgia,* pp. 501-2.

[39] Vid. Garrido, *Curso de Liturgia,* p. 357.

trán sustituyó la antigua orden de comulgar en las tres Pascuas, por la nueva de la comunión anual en la Pascua de Resurrección. La conclusión que de todo esto se desprende es, una vez más, que los datos fundamentales que componen este episodio estaban en la *Vida* latina de Munio, y que Berceo los trasladó puntualmente a su poema romance, sin suprimir, ni alterar, sustancialmente, ninguno de ellos, aun cuando en su época —segunda mitad del siglo XIII— algunos ya no tenían vigencia. [40]

Hay en el poema otro punto que, en nuestra opinión, es también indicio de que Berceo seguía muy de cerca su modelo latino. Se trata de un aspecto formal que afecta al plano perspéctico en que se sitúa el poeta, al trasladar al romance la *Vida* latina. Ocurre que en las cuadernas CLII-CLIII la voz narradora pasa de Berceo a Munio, quien habla en primera persona como testigo presencial y parte activa de los hechos. Sin embargo, en las cuadernas CLVI a CLXII, que pertenecen a la misma escena que las anteriores, el narrador vuelve a ser Berceo, y el relato continúa en tercera persona; así, el diálogo entre Oria y Munio es introducido por los consabidos *verba dicendi:* "*dixo* (Munio)... *dixo ella* (Oria), etc.". El mismo cambio de la voz narradora se repite en CLXVI, tras la cual Munio desaparece del primer plano y continúa narrando Berceo.

¿Cómo hemos de explicar este deslizarse el YO del narrador primero en el relato del segundo narrador? Es sabido que los autores medievales incurrían con relativa frecuencia en el descuido de deslizar o confundir un *yo*

---

[40] Estos datos contradicen la tesis de Walsh, *A Possible Source,* que sostiene que el episodio de la visión de Amunia fue inventado por Berceo. Es muy posible que el episodio tenga como modelo la *Vida* de Santa Eugenia, como piensa Walsh, pero la utilización del modelo habría que atribuírsela a Munio, y no a Berceo. Por otra parte, el momento de máxima expectación hacia la mártir Eugenia es, precisamente, la segunda mitad del siglo XI, en que se trasladan sus restos a Santa María de Nájera, donados al rey don García por el Papa Benedicto VII, vid. Yepes, *Crónica General*, III, p. 106.

en otro *yo.* El fenómeno ha sido estudiado por la crítica y se han dado distintas explicaciones al hecho, según los casos. [41] Pero en nuestro texto no se trata de confusión entre uno y otro *yo,* como es el caso por ejemplo, del tan discutido pasaje de Melón y Endrina (L.B.A. c. 576 y ss.), sino de una alternancia de dos voces narradoras: la de Munio, en primera persona; la de Berceo en la tercera. Pensamos que esta alternancia se explica, simplemente, por un descuido de Berceo, quien, en algunos pasajes, se olvidó de trasladar a la tercera persona el relato en primera del texto latino. Las citadas cuadernas tienen, así, el doble interés de garantizarnos que la visión de Monte Oliveti estaba en la *Vida* latina de Munio, y al mismo tiempo son un testimonio más de la fidelidad con que Berceo seguía su fuente, olvidándose, a veces, de trasladar a la tercera persona los pasajes narrados directamente por Munio.

Si, sobre la base del criterio de analogía, asumimos que Berceo mantuvo, en el desarrollo de todo el poema, la misma actitud de verismo y fidelidad hacia la fuente, observada en los puntos que hemos analizado, tenemos que concluir que el *Poema de Santa Oria* no es una excepción, en lo que se refiere a su directa dependencia del texto latino, sino que al igual que en las *Vidas* de Santo Domingo y de San Millán, Berceo no creó o interpoló en él nada sustancial, que no estuviese en la *Vida* latina, escrita por Munio en el siglo XI. [42]

Ello, naturalmente, no disminuye en nada su originalidad y capacidad creativa, pues éstas no residen en la invención de los temas, ni en los materiales que utiliza, sino

---

[41] Vid. Lida, *Nuevas Notas,* 17-19 y n. 11, donde, entre otros muchos ejemplos, cita el que comentamos del *Poema de Santa Oria;* también Spitzer, *Note,* 414-422, y Bobes, *Cuestiones semánticas,* 356-358, quien estudia un fenómeno, relacionado con éste, en documentos notariales leoneses del medioevo.

[42] La insistencia del poeta en la veracidad de su relato y en que todo cuanto dice está sacado del *dictado* de Munio, maestro o director espiritual de Oria y de su madre (VI-IX; XCIbc; y CLXXIII-CLXXIV), no creemos que sean meros formulismos, sino más bien la expresión de un auténtico sentimiento de fidelidad hacia la fuente que utiliza.

en cómo los utiliza, en la maestría con que los organiza y dispone, en función de una singular estructura poética que, ésta sí, es nueva y personal.

LA TÉCNICA NARRATIVA

En la forma narrativa del *Poema de Santa Oria* observamos una serie de rasgos que, en general, se dan también en las otras obras de Berceo y del Mester de clerecía, pero en nuestro poema alcanzan —nos parece— una relevancia especial.

Como es sabido, la cuaderna, o estrofa usada por los clérigos del mester culto, suele contener una unidad semántica y sintáctica de sentido completo. En nuestro poema, esta norma se observa con una constancia total; cada cuaderna constituye un período lingüístico u oración compuesta, que narra o describe una escena, cuadro, o motivo. [43] Si éste no se agota en una cuaderna, Berceo lo retoma en la siguiente y le añade nuevos rasgos o detalles, de los cuales se podría prescindir en el puro plano del relato, si bien no en el del discurso; pero en todo caso, el enlace con la cuaderna anterior nunca —o rara vez— es sintáctico, sino simplemente lógico o estilístico; de ahí que las cuadernas resulten relativamente autónomas e independientes entre sí.

Podemos ejemplificar esto con las cuadernas XI-XII que nos presentan a Oria, Amunia y García; aunque ambas quedan enlazadas por el sentido, son independientes desde el punto de vista sintáctico, e incluso se podría pasar de la XI a la XIII, saltando la XII, cuyos dos primeros versos no son más que una ampliación de la XI, en tanto que los dos últimos se glosan o desarrollan en la XIII. Los ejemplos se podrían multiplicar.

Por otra parte, las cuadernas son generalmente *cerradas*; es decir, el último verso marca, de alguna manera, el fi-

---

[43] Para los conceptos de cuadro y escena, vid. Kayser, *Interpretación*, pp. ·197-199 y 241-243.

nal del asunto o motivo que en ella se contiene, lo que les confiere aún mayor independencia. La forma como Berceo cierra las cuadernas es variada; unas veces, el último verso tiene una oración de valor final, conclusivo, o resultativo, o bien tiene la oración principal —sintáctica o sicológica— del período; otras veces, en el último verso se hace una especie de síntesis o resumen de lo expuesto en los versos a), b), c). En otros casos, Berceo cierra las cuadernas con alguna observación personal, o algún juicio de valor, de matiz admirativo, exclamativo o ponderativo, que suele ir acompañado de un cambio del tiempo, la persona, y a veces también del modo del verbo; o bien el v. d) contiene la imagen de mayor relieve y valor expresivo, tal es el caso de los versos IVd, XXVId, XXXId, etcétera. Incluso, en algunos casos, el simple cambio del tiempo verbal, en el último verso, produce ya la impresión de cierre o remate; véase, a manera de ejemplo, las cuadernas XII y XIII: en la XII, el imperfecto, *cobdiçiavan* del v. d) contrasta con los pretéritos *fue, punaron, partiéronse* de los versos a), b), c); en la XIII, el presente *asecha* del v. d) contrasta con los imperfectos *eran, vivién, davan, fallava* de los versos a), b), c). Como quiera que sea, la voluntad de señalar y destacar bien el final del período o unidad semántica en el v. d) es indudable, en la mayoría de los casos, y son pocas las cuadernas que podríamos llamar *abiertas,* en el sentido de que, aun teniendo sentido completo, no se cierran o rematan con alguno de los recursos arriba señalados.

El profesor Yndurain ha puesto de relieve un procedimiento similar en el *Libro de buen amor,* en cuya composición observa una tendencia muy marcada a destacar, por distintos modos, el último verso de la cuaderna, [44] y aduce también ejemplos del *Apolonio* y el *Alexandre,* así como de *Milagros, Santo Domingo* y *San Millán.* Como este recurso no se recoge en los *colores rethorici,* ni se señala en las *Poéticas* medievales, Yndurain piensa que tal vez se explique, simplemente, por la tendencia general a concluir

---

[44] Vid. Yndurain, *Una nota,* 217-231.

una obra literaria o musical con una frase, escena, figura, etc., efectista.

Es posible que sea así, pero de todos modos la funcionalidad del recurso es distinta en uno y otro campo creativo. El terminar una obra musical, una pieza dramática, un cuento, un chiste, etc., con una figura o frase efectista no tiene más finalidad que esa: concluir con un movimiento que deje en el espectador una impresión placentera, como de cosa verdaderamente rematada y perfecta.

Ahora bien, el cierre de las cuadernas en los poemas del Mester de clerecía, particularmente en el de *Santa Oria*, tiene una funcionalidad, o, si se quiere, unos efectos más amplios que el mero hecho de dar la impresión de algo terminado y cabal, ya que la recurrencia de este rasgo condiciona, a su vez, una forma de relato segmentado —y al mismo tiempo articulado— en unidades relativamente autónomas, un poco a la manera de un retablo medieval, en el que cada recuadro contiene un episodio de la historia que se representa en el conjunto.

En concordancia con esto, en el plano gramatical, la narrativa de Berceo —y del Mester de clerecía, en general—, se caracteriza también por su forma segmentada. En ella predomina la sintaxis paratáctica y asindética, a base de oraciones yuxtapuestas, que suelen ocupar un solo verso, o todo lo más dos. Lo normal es que el enlace entre las distintas oraciones y períodos se realice por medios estilísticos, tales como anáforas, paronomasias, repeticiones de palabras, sintagmas, construcciones, ideas, etcétera, y pocas veces se enlazan con nexos propiamente sintácticos. [45]

El ajuste de la unidad sintáctica a la unidad métrico-rítmica de los versos y hemistiquios conlleva, a su vez, una estructuración de las frases y oraciones sumamente libre, con abundancia de anástrofes e hipérbatos, a veces muy violentos, como en el caso de la c. XVIIab: *Sanctos fue-*

---

[45] Para los enlaces entre las cuadernas de Berceo, vid. Artiles, *Los recursos*, pp. 98-102.

*ron, sin dubda, e justos, los parientes / que fueron, de
tal fija, engendrar meresçientes.*

Estos hipérbatos, condicionados en cierto modo por el
metro, el ritmo y la rima, facilitan la pronunciación dia-
lefada, al fragmentar el verso, y la sintaxis, en unidades
rítmico-melódicas mínimas, generadas por las pausas hi-
perbáticas.

Igualmente, el escaso margen de fluctuación del número
de sílabas en los versos y hemistiquios, obliga al poeta a
prescindir de todas aquellas voces que no sean absoluta-
mente necesarias para la comprensión de la frase.

Un recurso para economizar palabras es el uso de frases
nominales como en LXXa; LXXIIc; LXXXIIIb, etc., y,
sobre todo, de oraciones participiales, a la manera de las
latinas, que condensan, en sólo dos sintagmas, las distin-
tas circunstancias de tiempo, modo, etc.; así, en XXIXa;
LXVIa, etc. La necesidad de economizar palabras explica
también el que un mismo verbo auxiliar rija varios infi-
nitivos, como en CXIVcd; y el que se supriman numero-
sas partículas relacionantes, como *a, de, que,* etc. Como
contrapunto a esto, en nuestro poema abundan las perí-
frasis verbales, y son muy frecuentes los pleonasmos, tau-
tologías, glosas y repeticiones, en general.

LAS FORMAS DEL DISCURSO

En el plano del discurso, el *Poema de Santa Oria* pre-
senta gran variedad de formas que el poeta maneja con
habilidad y soltura, y cuya distribución y frecuencia varía
de unas partes a otras.

Distinguimos, en primer lugar, una serie de cuadernas,
en las que la presencia latente del autor-narrador se ac-
tualiza formalmente, y que, por tanto, están siempre en
primera persona, singular, o plural. Estas cuadernas cum-
plen, a su vez, distintas funciones.

Las típicamente formularias se encuentran encabezando
el poema, o alguna de sus partes (I-IV; XI); anuncian el
final de la obra, o de una parte de ella (IX; CLXXXVI;

CCIV); señalan la transición entre unas y otras partes (X; CXVII; CLXIII; CLXXXVII); o bien sirven para retomar el relato en un punto determinado al que el poeta quiere volver (XXIII-XXIV y XCI-XCII).

Fuera de este tipo de fórmulas, el poeta se dirige directamente al lector en la c. VI, conminándole a creer en su relato, cuya veracidad garantiza la fuente latina de que él se sirve. La función de esta cuaderna es respaldar el romanceamiento de la vida y visiones de Oria, en la autoridad del monje Munio, primer hagiógrafo de la Santa; no es, por tanto, una cuaderna meramente formularia, sino que tiene un valor transcendente, por cuanto, mediante ella, y las tres que le siguen (VII, VIII y IXab) se pretende dar un carácter de hecho histórico, y no de ficción, a todo el poema.

Finalmente, el poeta asoma, formalmente, en XLIIbc para avalar con la experiencia personal lo verosímil de la columna con la escalera por la que Oria y las tres mártires suben al árbol, pórtico del Cielo.

En el cuerpo de la obra o relato propiamente dicho, es de señalar que, si bien por la naturaleza de la materia —esencialmente histórica—, nuestro poema se considera como narrativo, sin embargo, la narración, *sensu strictu,* ocupa mucho menos que la descripción y el diálogo.

Efectivamente, más que narrar, lo que hace Berceo es presentar en sucesivos cuadros y escenas la materia o asunto que trata; es decir, la vida y visiones de la reclusa Oria. Su estilo es, por tanto, más presentativo y descriptivo que propiamente narrativo, y de ahí que en la mayoría de las cuadernas predomine el Imperfecto —forma propia de la descripción— sobre el Pretérito, que es el tiempo del relato objetivo.

Si analizamos, por ejemplo, la segunda parte del poema o Introducción (XI-XXVI), podemos comprobar la abundancia de Imperfectos, frente a la relativa escasez de Pretéritos. De las 16 cuadernas que la componen, seis (XIII, XIV, XV, XXII, XXV, XXVI) están en Imperfecto; dos (XVIII, XXIV) tienen los versos b), c) y d) en Imperfecto, y el v. a) en Pretérito; cuatro (XVII, XIX, XX,

XXI) tienen dos versos en Pretérito y dos en Imperfecto; una (XXIII) está en Presente, en primera persona, y es, como puede verse, una cuaderna de transición para pasar de Amunia a Oria. Finalmente, tres cuadernas (XI, XII, XVI) están en Pretérito, y tienen un valor meramente introductivo o presentativo: nos presentan a los tres personajes que protagonizan los hechos de esta segunda parte o Introducción, Amunia, García, y Oria.

Este predominio de la forma descriptiva sobre la puramente narrativa se da a lo largo de todo el poema; pero en donde más abundan las descripciones es en la Introducción (XI-XXVI) y en el episodio de la muerte de Oria (CLXIV-CLXXXVI), es decir, en aquellas partes que tratan del plano natural de la vida de la Santa.

En fuerte contraste con éstas, cuando el poeta pasa del plano natural de la vida al plano sobrenatural de las visiones, el enfoque estilístico cambia, y la forma dominante es el diálogo. En las visiones, en efecto, la voz del autor-narrador desaparece por momentos y, en su lugar, son los propios personajes del poema, sujetos activos de la acción, quienes nos informan directamente de los hechos, a través del diálogo. De esta manera el relato se actualiza, dramatizándose y, consecuentemente, el tiempo verbal dominante pasa a ser el Presente. Así, de los 340 versos que ocupa la Primera Visión (XXVIII-CXII), 111 son dialogados; es decir, están en los labios de Oria y los demás personajes del Cielo. Esta proporción aumenta aún más en la Segunda Visión (CXIX-CXXXIX), en la cual, de los 84 versos que la integran, 43 pertenecen al diálogo, o sea, algo más de un 50 por 100. En la Tercera Visión (CXL-CLXII), el porcentaje de versos puestos en boca de los personajes es de 34 sobre 92. Finalmente, la aparición de Oria a su madre, que constituye el Epílogo (CXC-CCIII), está concebida como una escena enteramente dialogada, al punto de que 43 de los 56 versos que la componen están en labios de Oria o de su madre, Amunia; y si tenemos en cuenta que las dos primeras cuadernas de este episodio (CXC-CXCI) no son más que un encabezamiento, y que la CCIII es, simplemente, un cierre del mismo, tendríamos que, prácticamente, el 100 por 100 de la escena es diálogo.

Ahora bien, dentro de las partes correspondientes a las visiones, en las cuadernas no dialogadas, sigue dominando la forma descriptiva sobre la narrativa, lo que conlleva la superioridad del Imperfecto sobre el Pretérito. Así, toda la subida al Cielo de Oria y las tres mártires se nos describe en sucesivos cuadros, como el de la columna con la escala (XLII); el del árbol y la pradera (XLVII-XLVIII); el de la subida de Oria al Cielo (LIII); el del encuentro con los obispos (LXI y LXIII); el de la *siella* de Voxmea (LXXXI-LXXXII y XCII-XCV), etc. El arte descriptivo del poeta, manifiesto a lo largo del poema, se realza con el uso de hipérboles e imágenes comparativas de gran fuerza plástica, que visualizan las cosas y acciones, como en una pintura, o bajorrelieve. [46]

En cuanto a la narración objetiva, en Pretérito, es más bien escasa en el poema. Aparte de la obligada correspondencia de los tiempos, el Pretérito se usa con valor inceptivo, como preludio de una acción, que luego se desarrolla con todos sus pormenores y accidentes; así, las cuadernas XXVII-XXVIII, CXVIIIabc y CXC tienen este valor de anticipación, y sirven como de marco o encuadre de la escena que se desarrolla a continuación. [47]

Otro valor del Pretérito es el introductivo o presentativo, al que ya nos hemos referido en el análisis de la Introducción. En otros casos, el poeta usa el Pretérito para pasar con rapidez de una cosa a otra, como en LXVI y en CI; o bien para contar rápidamente una acción, como en CXI-CXIIabc, donde se relata el descenso de Oria a la celda y su despertar después de la visión del Cielo. Cuando el Pretérito se combina o alterna con el Imperfecto se produce un juego perspéctico con un doble plano objetivo-

---

[46] Vid., entre otras, las contenidas en XXVId; XXXId; XXXIId; XXXIIIc; LVId; LXVd, etc. Para las imágenes y comparaciones en Berceo, vid. Artiles, *Los recursos*, pp. 124-139.

[47] Sobre la composición de los poemas hagiográficos y el uso de este tipo de cuadernas, vid. Weber, *Notas*, 113-130.

lejano / subjetivo-próximo que da relieve y vivacidad a la acción. Un uso particularmente intenso del Pretérito se hace con el verbo de percepción Ver, el cual, a parte del plural *vidieron,* se repite 28 veces en la tercera persona *vido,* y tres en la primera *vidi.* De esta manera, se destaca el acto de percepción, como un hecho acabado y perfecto, en medio de acciones que se desarrollan en Imperfecto.

LA ESTRUCTURA DEL POEMA

El *Poema de Santa Oria* está formalmente dividido en siete partes o unidades de composición, las cuales no sólo se distinguen por su contenido, sino también por determinadas cuadernas formularias que señalan el tránsito entre una y otra, y puntualizan el comienzo de cada una de ellas, cf. X; XXVII-XXVIII; CXIII-CXVIII; [48] CLXIII-CLXIV; CLXXXVII-CXC.

Las tres partes centrales están constituidas por las tres visiones de Oria, y este núcleo esencial va precedido de una Introducción y un Prólogo, y seguido de la muerte de la Santa y de la aparición postmortem a su madre, o Epílogo, cerrándose el poema con la típica fórmula de cierre o despedida.

1.ª PARTE: *Prólogo:* I-IX. *Transición:* X
2.ª PARTE: *Introducción:* XI-XXVI. *Transición:* XXVII
3.ª PARTE: *Primera Visión:* XXVIII-CXII. *Transición:* CXIII-CXVIII
4.ª PARTE: *Segunda Visión:* CXIX-CXXXIX
5.ª PARTE: *Tercera Visión:* CXL-CLXII. *Transición:* CLXIII
6.ª PARTE: *Muerte de Oria:* CLXIV-CLXXXVI. *Transición:* CLXXXVII-CLXXXIX

---

[48] Por la falta de un folio, el CIX' (vid. n. 53), no tenemos la transición entre la Segunda y la Tercera Visión, ni tampoco el preludio ni el encabezamiento de ésta.

7.ª PARTE: *Epílogo:* CXC-CCIII. *Conclusión:* CCIV-
                CCV.

Este esquema de composición, en siete partes, contras-
ta con la estructura tripartita de las *Vidas* de Santo Do-
mingo y San Millán, que es la clásica y tradicional del
género hagiográfico. [49] Berceo rompe, pues, en nuestro poe-
ma, con un esquema secular, creando una nueva estructu-
ra, que supera la de sus anteriores poemas, no sólo por
su mayor complejidad, sino también por la fuerte trabazón
de sus partes que se subordinan, en una relación de cau-
sa-efecto, siendo la parte central, Segunda Visión, el mo-
mento culminante del poema, punto clave de su estructura
y de la propia vida de la Santa.

El carácter subordinante de esta estructura es evidente,
pues cada una de las siete partes, al tiempo que cumple
una función en sí misma y en el plan general de la obra,
motiva el desarrollo de la siguiente, que es, por tanto,
una consecuencia de la anterior. Así, el Prólogo abre y
encabeza el poema, con las formularias invocaciones que
se repiten en otras muchas obras medievales; su función
es presentarnos el tema, la protagonista de los hechos y
el hagiógrafo latino, autor de la fuente que utiliza nues-
tro poeta. El encarecimiento de la materia (IV) y la in-
sistencia en la veracidad de lo que va a relatarse (V, VI,
VII, VIII) preparan el paso a la Introducción.

El objeto de ésta es poner al lector en antecedentes de
las circunstancias que motivaron las maravillosas visiones
de Oria. En consecuencia, el poeta pone de relieve la rec-
ta vida de sus progenitores, las especiales virtudes que la
niña manifestó tener desde sus primeros años, su precoz
ascetismo, y la constancia y fervor de sus oraciones.

La consecuencia de todo ello son las visiones celestia-
les, con que la joven reclusa es premiada y cuyo relato se
preludia en la c. XX. En la Primera Visión, Oria sube al
Cielo y allí ve el lugar que tiene reservado para ella, si

[49] Vid. Delehaye, *Les Légendes,* pp. 110-111.

continúa en su vida de penitencia. Incluso oye la voz de Dios, insistiendo en la necesidad de sacrificarse todavía un tiempo, para luego recibir el premio: la *siella* que guarda Voxmea para ella (CIII-CIV; CVIII-CX).

Esta primera experiencia mística condiciona un redoblar los sacrificios y penitencia. Oria, deseando ser merecedora de tan alto premio, extrema sus disciplinas y su ascetismo (CXIV-CXV), y como respuesta a tanta virtud es premiada con una nueva visión.

En esta Segunda Visión, cuarta parte del poema, y pieza clave del mismo —como ya señalamos—, se predice el futuro de Oria, en la vida y después de la muerte; por lo tanto, se nos anticipa, en cierto modo, la línea descendente que va a seguir el relato a partir de ese momento. La promesa de su próxima y definitiva subida al Cielo, hecha por la Virgen María y garantizada con una señal que precederá a su muerte (CXXXVI-CXXXIX), van a condicionar el relato de los tres últimos episodios del poema: la Tercera Visión; la muerte de Oria, y el Epílogo, es decir, la aparición a su madre como testimonio de su salvación y, por tanto, del cumplimiento de la promesa de la Virgen María. La dependencia de estas tres últimas partes con respecto a la Segunda Visión es tan evidente, como lo es el desarrollo de las tres primeras partes en función de la cuarta.

El poema tiene, pues, una estructura trabada, con una parte central a la que se subordinan todas las demás; las que le preceden marcan la línea ascendente del ascetismo de Oria, hasta culminar en la visita y promesa de la Virgen María; las que le siguen no son sino la realización consecuente de dicha promesa, y en el nivel estructural marcan una línea descendente con relación a la parte central de la que dependen.

A su vez, esta parte central (Segunda Visión) parece estructurarse de forma análoga al poema, o sea con una primera escena preparatoria o ascendente; una escena central clave —aparición de la Virgen María y diálogo entre Ella y Oria—, y una tercera escena que falta en el Códice por la pérdida del fol. CIX', pero que podemos conjeturar sería inversamente correlativa de la primera escena. [50]

Por otra parte, la escena de la aparición de la Virgen María y el diálogo entre Ella y Oria (CXXXIII-CXXXIX) han sido concebidos a la manera de las *Anunciaciones bíblicas,* las cuales se desarrollan conforme a un esquema, en el que se distinguen cinco momentos: 1.°) aparición del mensajero; 2.°) turbación, o dudas del visitado; 3.°) mensaje; 4.°) objeciones por parte de quien recibe el mensaje; 5.°) signo o señal que garantiza el cumplimiento del mensaje.

Estos cinco puntos o momentos se encuentran también en la escena que estudiamos: así, el 1.° (aparición del mensajero) ocupa las CXXXII-CXXXIII; el 2.° (dudas) la CXXXIV; el 3.° (mensaje) la CXXXV; el 4.° (objeciones) la CXXXVI, y el 5.° (signo probatorio) las CXXXVII-CXXXIX. Es, por tanto, muy probable que Berceo (o Munio, en su caso) haya tenido como modelo de esta escena las llamadas *Anunciaciones bíblicas,* que constituyen una especie de género literario dentro de las Sagradas Escrituras.

En suma, la estructura del *Poema de Santa Oria,* con su parte central (Segunda Visión), subordinante de las demás, y su forma cerrada, no prolongable, es semejante a un arco ojival, cuya clave sostiene las dos semi-ojivas que penden de ella. Gráficamente, el esquema de composición de nuestro poema se puede representar con un triángulo:

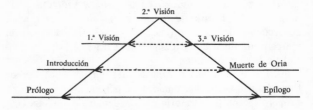

donde se hace evidente la correspondencia Prólogo/Epílogo; Introducción/Muerte; Primera Visión/Tercera Visión; o sea, la correlación entre las tres primeras partes y las tres últimas, separadas —y al tiempo unidas— por la Segunda Visión, que queda en el vértice del poema, diviéndolo en dos mitades semejantes.

MANUSCRITOS

El *Poema de Santa Oria* ha llegado hasta nosotros en un único texto o versión, conservado en tres copias manuscritas: una del siglo XIV, el Ms. 4b de la Real Academia Española de la Lengua, y otras dos del siglo XVIII, el Ms. 93 del archivo del Monasterio de Silos y el Ms. 18577/16, de la Biblioteca Nacional de Madrid. [51]

El Ms. 4b consta de 62 folios [52] en pergamino de 230 × 333 mm., en los que, en esmerada letra del siglo XIV, se copian, a razón de ocho cuadernas por cara —o sea, dieciséis por folio—, diversos poemas de Berceo. Los folios están numerados en su ángulo superior derecho, con numeración romana del siglo XVI, siendo el primero de ellos el núm. L, y el último, el CXXII. La primera cuaderna del folio Lr. es la última del milagro de *La casulla de San Ildefonso*, siguiendo, a lo largo de los 62 folios, el resto de los *Milagros de Nuestra Señora*, el *Poema de Santa Oria* y las 127 primeras cuadernas de la *Vida de San*

---

[51] En Uría, *El Poema*, pp. 13-28, se hace un detenido estudio del Códice "in folio" y del Ms. Ibarreta, que aquí se da muy resumido.

[52] Existen otros dos folios LXXXIII-LXXXIV, correspondientes a los *Milagros de Nuestra Señora*; fol. LXXXIIIr, c. 618a de *El náufrago salvado: Quantos que la oyeron: esta sancta razón*, fol. LXXXIVv, c. 649d de *La deuda pagada: Fueron enbergonçados: los dela Judería*. Ambos milagros se suceden sin dejar ningún espacio entre ellos; únicamente, la primera cuaderna de *La deuda pagada* se inicia con una *A* muy adornada: *Amjgos sy qujsierdes: vn poco atender*. En *El Poema*, p. 13, n. 2, anuncié su publicación en breve; vuelvo a hacerlo, pero sin atreverme a determinar el tiempo.

Millán. Según lo evidencian la foliación y el texto, estos
62 folios son un fragmento de un Códice, al que le faltan
los 49 primeros folios, 11 intermedios y, al final, los ne-
cesarios —por lo menos —para completar la *Vida de San
Millán.* El *Poema de Santa Oria* ocupa en el manuscrito
los folios CIᵛ-CXIVʳ, faltándole actualmente dos folios;
uno, el CV, perdido después del siglo XVIII; otro, el CIX',
perdido antes del siglo XVI, pues la foliación del Códice,
hecha en ese siglo, no acusa su falta. ⁵³

El Ms. 4b fue descubierto por C. Carroll Marden en dos
porciones, una el año 1925, a la que llamó A', y otra el
año 1928, a la que llamó A''; donando ambas a la Real
Academia Española. Unos años después, Marden publicó
ambas porciones, ⁵⁴ precedidas de un estudio minucioso,
en el que demuestra que son una parte del Códice "in
folio" (=F) de los poemas de Berceo, que perteneció al
Monasterio de San Millán de la Cogolla; y, al mismo tiem-
po, dejó probado que el Ms. 4 (=E) de la Real Academia
Española, que contiene la *Vida de Santo Domingo,* formó
también parte de dicho Códice "in folio".

Antes del hallazgo de Carroll Marden ya se tenían no-
ticias de la existencia de este Códice. Dos textos son fun-
damentales para su conocimiento. De una parte, los pá-
rrafos 582-592 de las *Memorias* del P. Sarmiento, donde
se nos dice que, a mediados del siglo XVIII, en el archivo
del Monasterio de San Millán de la Cogolla, se guardaban
dos Códices de las obras de Berceo, uno "in quarto", hoy
perdido, y otro "in folio", del que hace a continuación
una descripción detallada, que coincide en todo con los
fragmentos descubiertos por Marden. El otro texto, más
importante aún para el conocimiento del Códice "in folio"
—por contener información directa—, es la *Nota Mecolae-*

---

⁵³ Para todo lo relativo al folio CIX', vid. Uría, *El Poema,*
pp. 16-25 y, sobre todo, *Nuevos datos,* donde se aportan todas
las noticias concernientes a este folio perdido, desde el siglo XVIII
hasta nuestros días.
⁵⁴ *Cuatro poemas* y *Veintitrés Milagros.*

ta, [55] especie de Carta o Nota que el P. Mecolaeta, abad de San Millán, envió al P. Sarmiento, con la descripción de los Códices que, conteniendo obras de Berceo, se conservaban en el archivo del monasterio. [56] Dado que el Códice "in quarto" no se ha vuelto a encontrar, después de su desaparición, a raíz de la Desamortización de Mendizábal, y que el Códice "in folio" se conserva en estado muy fragmentario, ambos textos siguen siendo de capital importancia para el estudio de los poemas de Berceo.

El Ms. 93 de Silos, también llamado Códice o copia Ibarreta (sigla I) es una copia de los poemas de Berceo, hecha en San Millán de la Cogolla, en el siglo XVIII, por encargo del P. Domingo Ibarreta, quien, probablemente, la destinaba, junto con otras obras, a formar parte de un *Apéndice* literario de la *Diplomática Española* que le había encomendado la Real Academia de la Historia el año 1770. [57]

La copia fue utilizada por Sánchez para su edición de los poemas de Berceo y, después de la Desamortización de Mendizábal, se tuvo por perdida, hasta que el P. Serrano, en 1914, comunicó a Solalinde que se encontraba en el archivo del Monasterio de Santo Domingo de Silos. [58] La fecha en que se hizo esta copia hay que situarla entre el año 1774 —que se ve en la filigrana del papel— y el de 1780, año en que se publica el tomo II de la *Colección* de Sánchez, en donde ya se la menciona.

El manuscrito contiene todos los poemas conocidos de Berceo, con excepción de la *Vida de Santo Domingo*, y consta de 154 folios de papel, de los cuales, 54 miden 200 × 280 mm., y los otros 100, 215 × 310 mm. Es

---

[55] Ms. 93 del archivo de Silos. El hecho de que este documento tenga la misma signatura que el Ms. de Ibarreta es debido a que ambos documentos se registraron como un solo legajo.

[56] Para lo referente a la identidad del autor de esta *Nota* y el destino de la misma, vid. Uría, *El P. Mecolaeta*.

[57] Sobre el material recogido por el P. Ibarreta para la *Diplomática Española*, a él encomendada, vid. Férotin, *Histoire*, pp. 248-249.

[58] Vid. Solalinde, *Milagros*, p. XXIX.

de varias manos, y los copistas utilizaron los dos Códices de San Millán, el "in quarto" (=Q) y el "in folio" (=F), copiando preferentemente de Q —a lo que parece—, y refiriéndose, a veces, a F, al que llaman "el otro códice".

Cuando los poemas copiados en el Códice Ibarreta no se conservan en el Ms. 4b (=F), es difícil determinar, de una manera segura, si derivan de Q o de F, pues, aunque en general la lengua de Q es más arcaizante, la alternancia de formas arcaicas y modernas en ambos Códices, no permite, en muchos casos, precisar si un determinado texto fue copiado de Q o de F. Así, ocurre que un poema, como por ejemplo, *Signos,* es considerado por Dutton como copiado de F, [59] mientras que Koberstein lo cree copiado de Q, excepto la última cuaderna, que no existía en este Códice. [60]

En cambio, cuando los poemas se conservan en el Ms. 4b (=F), un cotejo entre ambos textos evidencia enseguida si fueron copiados de F o de Q. Así, sabemos que *Milagros* fue copiado de Q, menos las c. 143-145 y 506-529. Asimismo, sabemos que la *Vida de San Millán* procede de Q, puesto que un cotejo con la parte conservada de este poema en F evidencia que no deriva de este Códice. Por último, sabemos que el *Poema de Santa Oria* se copió enteramente de F, pues ambos textos son idénticos, repitiéndose, incluso, en I las mismas erratas que hay en F.

Resulta así, que la copia de I del *Poema de Santa Oria* no es más que un calco o reproducción tardía de la copia de F; por lo que el texto de aquélla no nos sirve como punto de apoyo para las correcciones hechas en la lengua, a fin de reajustar el metro y el ritmo de los versos irregulares. Desde el punto de vista textual, el interés de esta copia es el habernos conservado las c. 57 (LX)-72 (LXXV), correspondientes al folio CV de F, perdido después del siglo XVIII.

---

[59] *San Millán,* p. 72, n. 25.
[60] *San Millán,* p. 92.

El Ms. 18577/16 de la Biblioteca Nacional de Madrid (Ms. G), descubierto por John K. Walsh, [61] es una copia del *Poema de Santa Oria,* hecha en el siglo XVIII, con esmerada caligrafía, pero con numerosas lecciones erróneas y bastantes lagunas de palabras e incluso de algún verso. Como señala Walsh, esta copia ya había sido citada por D. Pedro Roca en su *Catálogo de los manuscritos que pertenecieron a D. Pascual de Gayangos.* Madrid, 1904; sin embargo, ha pasado inadvertida de la crítica posterior, y —que nosotros sepamos— nadie ha vuelto a citarla, ni se ha tenido en cuenta en los estudios sobre el poema realizados en los últimos años.

En realidad, desde el punto de vista filológico, esta copia carece de interés, ya que —aparte de sus muchos errores y lagunas— procede del texto del Códice F y, por tanto, las variantes que presenta con respecto a este texto hay que desecharlas por espurias. Ciertamente, el Ms. G nos proporciona una fuente más para las cuadernas 57 (LX)-72 (LXXV), correspondientes al folio CV de F, que hoy falta. Sin embargo, cotejadas estas cuadernas con las correspondientes del Ms. I, se comprueba que las variantes que presenta frente a éste consisten en errores y lecciones corruptas, y que, por tanto, de nada sirven para establecer el texto crítico.

El mayor interés de este manuscrito es el reconocer en él la copia que sirvió de base a Sánchez para su edición de la *Vida de Santa Oria,* como lo demuestran los peculiares errores, comunes a ambos textos, frente a las lecciones de la copia de Ibarreta, que también utilizó para la edición.

Asimismo, es evidente que el texto del Ms. G es el que sirvió a Sarmiento para las cuadernas 1 (I), 2 (II)ab, 204 (VII) y 205 (IX) que copia en el párrafo 589 de sus *Memorias.*

Por último, tiene interés la nota de la hoja 14ᵛ, entre las c. 136-137, que dice: "Falta una foxa", que concuerda con

---

[61] Vid. Walsh, *The missing,* 30-34.

la nota de la edición de Sánchez, con la noticia de Sarmiento, en *Memorias* 589, y con los resultados obtenidos, tanto del estudio de la estructura del Códice F, como de la misma estructura del poema. [62]

En cuanto a la fuente que utilizó el Códice "in folio" para copiar el *Poema de Santa Oria,* es una cuestión de verdadero interés, en relación con el desorden en que se nos ha transmitido este texto. .

Tradicionalmente se viene aceptando que el Códice "in quarto" contenía los mismos poemas que el Códice "in folio", y que éste es una copia de aquél. [63] Sin embargo, hay varias razones para pensar que las cosas no fueron así. En primer lugar, parece que el Códice "in quarto" no fue, en todos los casos, la fuente del Códice "in folio", ya que los textos de éste tienen, a veces, mejores lecciones que los de I (=Q), e incluso F copia versos que no existen en I (=Q), como ha sido señalado por B. Dutton, en su estudio sobre las relaciones entre ambos Códices. [64]

En segundo lugar, hay fundadas sospechas de que el Códice "in quarto" no contenía todos los poemas de Berceo. Dichas sospechas se apoyan en la norma que siguieron los copistas del Códice Ibarreta al copiar estos poemas de los dos Códices de San Millán. Es evidente que los copistas tenían una marcada preferencia por el Códice "in quarto", al punto de que, al copiar los *Milagros de Nuestra Señora,* a pesar de que este poema presentaba lagunas en el Códice "in quarto", prefirieron copiarlo por él, pasando al Códice "in folio" sólo en aquellos casos en que era necesario suplir las lagunas de Q, y volviendo a éste para continuar la copia del poema.

Tan marcada preferencia por el Códice "in quarto" nos hace pensar que cuando los copistas de I copiaron un poema enteramente por F es porque este poema no existía en Q. Este es el caso del *Poema de Santa Oria,* el cual

---

[62] Vid. Uría, *El Poema,* pp. 116-118, y *Nuevos datos,* 199-221.
[63] Ultimamente, Koberstein, *San Millán,* p. 36, al establecer la filiación de los manuscritos de Berceo, sigue derivando F de Q.
[64] *San Millán,* pp. 73-75.

fue copiado íntegramente por F, sin ninguna referencia a Q.

Cabe, entonces, preguntarse cuál fue la fuente de donde F copió el poema. Naturalmente no lo sabemos, pues ninguna noticia nos ha llegado en este sentido; por consiguiente, sólo podremos hacer conjeturas y aventurar hipótesis, más o menos plausibles, basadas, unas y otras, en el peculiar estado de desorden en que el texto de *Santa Oria* nos ha sido transmitido.

Efectivamente, una gran parte de los desórdenes de cuadernas que presenta el poema no pueden explicarse como meros errores de copista, sino que, dada la naturaleza de estas alteraciones, han de tener su origen en un fenómeno mucho más complejo y relacionado con la fuente de donde se copió el poema. Esta fuente sería el *autógrafo* o copia original [65] y tendría un formato pequeño, con hojas de desigual tamaño, como es el caso, por ejemplo, del pequeño e irregular librito, en que se nos ha conservado el *Poema de Elena y María*. Al final del apartado siguiente, se intenta una explicación de las causas que produjeron los desórdenes del texto y de las características de este manuscrito.

CRITERIO SEGUIDO EN LA EDICIÓN CRÍTICA

El *Poema de Santa Oria* que, como hemos visto, se ha conservado en un único texto presenta dos tipos de irregularidades que interesan a dos planos distintos de la obra; unas se dan en el plano de la lengua y afectan, sobre todo, al metro y al ritmo; otras, se dan en la secuencia del relato y afectan a la estructura y al sentido del poema. Trataremos más adelante de éstas, y nos ocuparemos aquí de las primeras.

Las corrupciones del plano lingüístico se dan en los tres niveles: léxico, morfológico y sintáctico, y evidencian que

---

[65] Para los conceptos de borrador y autógrafo, vid. Riquer, *Los trovadores*, I, pp. 15-16.

los copistas del Códice "in folio", en algunos casos, modernizaron y/o castellanizaron la lengua del texto original, cambiando algunas voces y rasgos morfológicos por otros más conformes al uso de su tiempo, y sustituyendo ciertas construcciones, por formas sintácticas más próximas a la lengua prosaica. Con ello alteraron el justo silabismo de los versos, alargando, o acortando, los hemistiquios; y deturparon el ritmo genuino del *alejandrino* del siglo XIII, con una ordenación sintagmática que, o borra la pausa hemistiquial o divide el verso en dos segmentos desiguales.

Para corregir todas estas irregularidades nos apoyamos en el sistema de versificación del Mester de clerecía del siglo XIII, que hoy se conoce ya bastante bien.

En efecto, desde los estudios de Hanssen, [66] seguidos por los de otros varios críticos, [67] ha quedado demostrado que los poetas de clerecía del siglo XIII, y muy en particular Berceo, no admitían la sinalefa, debiendo contarse independientemente las vocales en contacto de palabras distintas. A este rasgo peculiar, hay que añadir la división del verso en dos hemistiquios de siete sílabas, separados por la pausa o cesura que cae siempre tras la sexta sílaba, con la particularidad de que en las cadencias del primer hemistiquio rige el principio de la equivalencia silábica, como si se tratara del final de verso.

De estos dos principios que rigen el verso *alejandrino* del siglo XIII se deduce lo siguiente; como las cadencias del primer hemistiquio pueden ser llanas, agudas o esdrújulas, y las del segundo hemistiquio llanas, o agudas, las combinaciones numéricas de las sílabas entre ambos sólo pueden ser: $7+7=14$; $6+6=12$; $7+6$ (ó $6+7$)$=13$; $8+6=14$; $8+7=15$; es decir, el número de sílabas oscila solamente de 12 a 15.

Este escaso margen de fluctuación silábica y la exigencia de la pausa hemistiquial, tras la sexta sílaba, condicio-

---

[66] *Sobre el hiato,* 911-914.
[67] Fitz-Gerald, *Versification;* Henríquez Ureña, *La cuaderna vía,* 45-47 y *Sobre la historia,* 1-11; Ruffinatto, *Sillavas cuntadas,* 25-43.

nan una peculiar estructura de la lengua, en la que destaca, de una parte, la economía de partículas relacionantes, y de otra, una fuerte tendencia al hipérbaton para marcar la cesura y/o generar pequeñas pausas sintácticas que facilitan la pronunciación dialefada.

Para restablecer este paradigma, maltrecho en numerosos versos de nuestro poema, hemos tenido que corregir muchas formas lingüísticas, si bien la mayoría de ellas han consistido, simplemente, en cambiar la desinencia -ia de Imperfectos y Condicionales, por la desinencia -ié que, como es sabido, era la más frecuente en los poetas del Mester de clerecía para la segunda y tercera conjugación y, en general, en todo el siglo XIII. Para otras correcciones lingüísticas nos hemos servido de las variantes léxicas, morfológicas y sintácticas, registradas en el mismo texto de nuestro poema, o bien hemos acudido a los otros poemas de Berceo, cuando el de *Santa Oria* no nos ofrecía lecciones aptas para corregir los versos irregulares.

En consecuencia de todo esto, en nuestro texto crítico hemos cambiado muchas lecciones del manuscrito; sin embargo, sólo lo hemos hecho en aquellos casos en que el metro, o el ritmo, lo exigían. En todo lo demás, hemos respetado las lecciones del Códice, tal como se hallan, [68] aun cuando algunas de ellas tienen su equivalente más arcaica, registrada en otros poemas de Berceo y —a veces— incluso en el mismo de *Santa Oria*.

Queda, pues, claro que el criterio que hemos seguido, al establecer el texto crítico, no es dar al poema un carácter más arcaizante, o dialectal del que presenta en el texto de F, sino sólo corregir las irregularidades y errores evidentes, ajustando los versos anómalos al paradigma métrico-rítmico arriba copiado.

El fundamento de nuestro criterio es el hecho de que el *Poema de Santa Oria* sólo se ha conservado en el texto de F, y, por consiguiente, no tenemos un término de compa-

---

[68] Excepto algunos evidentes errores del copista, y el caso particular de *para* que corregimos por *pora*, en base a lo que dice Corominas (DCELC, s.v. Para).

ración para saber hasta qué punto los copistas de F alteraron, o respetaron, las lecciones de la fuente de donde copiaron nuestro poema; es decir, no podemos saber si la lengua de dicha fuente era o no muy distinta de la que nos presenta el texto de F, ni tampoco en qué consistían, exactamente, esas diferencias; sólo en los casos de irregularidades métricas y rítmicas se hacen evidentes las alteraciones cometidas por los copistas de F con respecto al texto original.

Por tanto, cambiar las lecciones del texto de F por sus equivalentes más arcaicas, registradas en I (=Q), o en S, en base a su mayor antigüedad, o a su carácter, más conforme al dialecto riojano, no nos parece conveniente por varias razones.

En primer lugar, sabemos que el Códice "in quarto" sólo era una copia, y como tal, hay que admitir en él un cierto grado de corrupción y, en consecuencia, de distanciamiento de la lengua de los textos originales. De hecho —como hemos visto al describir los manuscritos—, hay casos en que F presenta mejores lecciones que I (=Q), lo que indica que, o F tuvo una fuente mejor que la de Q, o que los copistas de este Códice no siempre fueron fidedignos —o respetuosos— con las lecciones del texto original.

Como en el caso del *Poema de Santa Oria* tenemos razones —expuestas en la descripción de los manuscritos— para pensar que fue copiado de un manuscrito aislado —probablemente la copia original del poema—, corregir las lecciones de F por las equivalentes más arcaicas de los textos de I (=Q), supondría interferir, entre el texto base y su copia del siglo XIV, lecciones de unos textos que no podemos asegurar fuesen, en todos los casos, idénticos a los originales.

En segundo lugar, una revisión de los mismos textos de I (=Q) y de S, nos evidencia que la lengua de los poemas de Berceo no era uniforme y cristalizada, como a veces se ha dicho, sino que, muy al contrario, nuestro poeta utilizaba todas las variantes expresivas que la época y zona lingüística, en que vivía, le suministraban; es decir, se movía en un sistema lingüístico relativamente muy amplio, en el que no sólo cabían las posibilidades de la apócope y la aféresis; la diéresis y la sinérisis; la síncopa, la contracción, etc.; sino también el uso de formas y voces arcaicas, dialectales, y/o latinizantes, alternando con otras más modernas y castellanas. Así, en sus poemas se documentan las alternancias, aducir / traer; deñar / querer; deçebir / engañar; exir / salir; fallir / fallesçer; fer / far / fazer; meter / poner; ofrir / ofresçer; padir / padesçer; prender / tomar; regunzar / renunçar / razonar / contar; toller / quitar; trovar / fallar, etc.; cuer / corazón; faz / cara; fol / loco; sieglo / mundo; vierbo(-s) / palabra(-s); cascuno / quisque / cada uno; nul / ninguno; plus / más, etc. Igualmente, en la fonética se registran, clamar / llamar; palomba / paloma; plegar / llegar, etc. Por último, hay también variaciones sintácticas, como por ejemplo, posesivo con, y sin, artículo; sustantivo, precedido de preposición, con, y sin artículo; verbos de movimiento + Infinitivo con, y sin, preposición; Haber + Infinitivo con, y sin preposición; fasta / fasta que, etc.

La alternancia de estas formas expresivas, no sólo se da entre unos y otros manuscritos, sino que muchas de ellas se registran en un mismo manuscrito, e incluso en un mismo texto, si bien en los textos de I (=Q) predominan las formas arcaicas y/o dialectales, y en los textos de F las castellanas o más modernas.

Es posible que algunas de estas variantes se deban a los copistas y no remonten a Berceo; pero la mayoría están atestiguadas por la rima, o por el metro, y por consiguiente hay que aceptarlas como genuinas del poeta.

Por otra parte, es muy natural que Berceo aprovechase todas las variantes lingüísticas que tenía a su disposición, pues éstas le facilitaban el ajuste de los versos al riguroso silabismo del Mester culto. Además, como todo buen poeta, buscaría la variedad y rehuiría, en lo posible, la monotonía de la uniformidad, lo que le llevaría a emplear unas veces ésta, otras aquéllas, de las varias formas de que disponía. La actuación del principio de variedad se ve, especialmente clara, en aquellos casos en que en un mismo verso concurren las dos variantes de un mismo lexema, como por ejemplo en S. Dom. 40b: "*Salló* a (de) mancebía, *ixió* sancto varón", en donde la alternancia *salló / ixió* creemos que se explica por razones estilísticas, por un principio de variedad que rehúye la repetición demasiado próxima de una misma forma lingüística, ya que Berceo podía haber empleado el mismo verbo en los dos hemistiquios, por más que en el segundo, *ixió* pueda entenderse en la acepción figurada de "resultó", para la cual lo mismo le servía el verbo salir.

En tercer lugar, hemos de tener en cuenta que el *Poema de Santa Oria* debió ser la última obra que escribió Berceo y que, según se desprende de IIab, corresponde a los años de su vejez; por tanto, es de suponer que su lengua, como la de todo escritor y poeta de cualquier época, evolucionaría a lo largo del tiempo transcurrido entre sus primeras obras y nuestro poema; evolución que coincide, además, con el proceso creciente de penetración del castellano en la Rioja Alta, que termina por absorber los rasgos más dialectales o arcaizantes del período primitivo. [69]

Lógicamente, en este proceso de castellanización y modernización del dialecto riojano, Berceo, hombre de letras, que cultivaba una forma poética nueva, y aun innovadora, no adoptaría una actitud reaccionaria, o conservadora, sino más bien todo lo contrario. Así, el carácter evidentemente más moderno de la lengua de nuestro poema, frente a la de los otros, puede explicarse por esa evolución de la lengua del autor. Observando la doble forma *palombar* (XXXIIId) y *palomba* (XLb y XLIVa) frente a *palomas* (XLIXb), señala el profesor Alvar que "Berceo ... tenía casos de reducción" y que "acaso en él se fuera desarrollando el proceso de castellanización que había de acabar con la absorción del rasgo dialectal". [70]

Pensamos, en suma, que reducir la lengua de los textos berceanos a unas normas fijas, y uniformes para todos los

[69] Alvar, *El dialecto*, pp. 63-68.
[70] *El dialecto*, p. 45.

poemas, es negar al propio poeta la posibilidad de variación en el plano sincrónico, y de evolución lingüística a través del tiempo, con lo que corremos el riesgo de convertir sus obras en una especie de clichés o fórmulas fijas, carentes de vida y, por consiguiente, de verdadera poesía.

Damos a continuación un cuadro, en el que se especifica el número y tipo de las correcciones realizadas para establecer el texto crítico.

El total de correcciones realizadas es de 264, las cuales se clasifican en los siguientes grupos:

1.º 129 consisten en sustituir la desinencia -ia de Imperfectos y Condicionales de los verbos -er, -ir, por la desinencia -ié. Total, 49,23 por 100.

2.º 37 consisten en la apócope de verbos, adverbios, sustantivos, adjetivos, etc. Total, 14,12 por 100.

3.º 40 consisten en sustituir ciertas palabras por otras de función y significado equivalentes, generalmente registradas en los textos de los manuscritos S e I (=Q). Total, 15,26 por 100.

4.º 25 consisten en suprimir algunas partículas, como conjunciones, preposiciones, artículos, etc. Total, 9,54 por 100.

5.º 14 consisten en la adición de partículas, como pronombres, adjetivos, artículos, etc. Total, 5,34 por 100.

6.º 7 consisten en transponer el orden de los sintagmas de los versos y hemistiquios. Total, 2,60 por 100.

7.º 12 consisten en evidentes errores de los copistas. Total, 3,81 por 100.

Las irregularidades de la secuencia del relato afectan, como hemos dicho, a la estructura del poema y al sentido del texto. En éste se interrumpe, a veces, bruscamente una descripción, o un diálogo, para reanudarse más adelante, de una manera completamente abrupta; otras veces se suceden cuadernas que no constituyen una secuencia lógica, o bien la secuencia de los hechos que nos da el texto se contradice con la noticia histórica que de ellos tenemos, e incluso con el sentido global del poema.

Al analizar estas irregularidades, se comprueba que la mayoría son debidas a transposiciones del orden primitivo de las cuadernas; mientras que otras consisten en lagunas textuales producidas por la pérdida de una o de varias cuadernas. Todo ello hace confusos, e incluso incongruentes, algunos pasajes y repercute en su estructura y en la de la totalidad de la obra.

Varias de estas irregularidades ya han sido señaladas y corregidas por María Rosa Lida; [71] así las secuencias 39-43; 118-136 y 139-145, cuyo orden propuesto por ella aceptamos; asimismo, la distinguida hispanista señaló una laguna textual ante la c. 5, [72] otra, ante la c. 61, y otra, detrás de la c. 136.

Pero hay otras muchas transposiciones que han pasado desapercibidas, si bien algunos críticos han señalado el carácter confuso y poco estructurado del poema. [73] Sin embargo, un estudio detenido del texto del poema nos evidencia que las anomalías estructurales y de sentido no se deben al poeta, sino que son el resultado de alteraciones posteriores y ajenas a Berceo.

En consecuencia, la mayoría pueden corregirse reordenando las cuadernas, en forma que recobren su secuencia originaria. En cuanto a las lagunas textuales, naturalmente no pueden suplirse, pero sí señalarse, y —conjeturalmente—, se puede deducir el contenido, más o menos aproximado, de las cuadernas que faltan.

Así, el resultado de nuestro estudio nos ofrece un texto en el que no sólo han desaparecido todas esas irregularidades, sino que, además, los pasajes anómalos adquieren una categoría estética que antes no tenían, por estar disgregados sus rasgos estilísticos.

---

[71] *Notas*, 21-23.

[72] Concretamente, supuso que se habría perdido una cuaderna, en la que Berceo presentaría a Munio, ya que la c. 5 lo introduce de una manera abrupta. Sin embargo, en nuestra reordenación, al pasar las c. 203 (VI) y 204 (VII) delante de la c. 5 (VIII), desaparecen las anomalías gramaticales, de esta cuaderna, vid. Uría, *El Poema*, pp. 87-93.

[73] Weber, *Notas*, 113-114; Perry, *Art and Meaning*, pp. 16-17; Walsh, *A Possible Source*, 300-301.

En cuanto al método que hemos seguido para reordenar las cuadernas trastrocadas, se basa en principios lógicos y lingüísticos, así como en criterios estilísticos. Exponemos a continuación unos y otros. [74]

En primer lugar, partimos de un principio elemental, según el cual, todo relato de un hecho, sea histórico o fabuloso, se hace, lógicamente, siguiendo el orden natural de los sucesos en el tiempo. Cualquier alteración a esta norma estará motivada por alguna razón, y tendrá una finalidad estilística o expresiva. [75] De no ser así, las irregularidades en la secuencia de los hechos, en un relato dado, habrá que explicarlas como alteraciones posteriores a la versión original y, por tanto, será lícito corregirlas, en forma que el relato recupere su secuencia primitiva.

Por otra parte, en todo texto literario se distinguen siempre, en el nivel formal, dos planos: el de contenido —disposición u organización de las ideas o materia literaria—, y el de la expresión —forma lingüística con la que se expresa este contenido—. Como ambos planos son solidarios y prácticamente inseparables —ya que de hecho el segundo no es más que la realización o actualización verbal del primero—, un cambio en el plano formal del contenido implica, necesariamente, un cambio en el plano formal de la expresión. [76] En consecuencia de esto, una vez que un texto literario ha sido fijado, esto es, organizado y actualizado con una determinada forma de expresión, un cambio en el orden o secuencia del texto producirá un desajuste entre el plano del contenido y el plano de la expresión, desajuste que ha de manifestarse en una serie de anomalías, más o menos graves, según el grado de di-

---

[74] No hemos podido incluir en esta edición los argumentos particulares que apoyan, en cada caso concreto, el nuevo orden que hemos dado a las cuadernas, pues su amplitud sobrepasa los márgenes editoriales que ofrece la Colección CLÁSICOS CASTALIA. El lector interesado puede ver dicha argumentación en *El Poema*, pp. 67-118.

[75] Sobre el orden de las ideas en la narración, vid. Lausberg, *Manual*, I, p. 280, n. 317.

[76] Vid., entre otros, Cohen, *Estructura*, pp. 33 y ss.; Wellek, *Teoría literaria*, pp. 166-167; Alarcos, *Gramática*, pp. 90-91.

chas transposiciones, y según que éstas afecten más al orden lógico del texto o a sus valores estilísticos. En todo caso, estas anomalías se revelan de un modo peculiar, distinguiéndose por el carácter inoperante o, simplemente, impropio de ciertas formas expresivas que han perdido su función y, por tanto, su pertinencia, al cambiarse el orden del texto.

Asimismo, si se suprimen períodos, oraciones, frases, etc., una vez que el texto se ha fijado, se producirán determinadas lagunas que, de alguna manera, deben afectar a la forma y al sentido del pasaje en cuestión, dificultando su comprensión, por lo que se hacen enseguida evidentes.

Las irregularidades que presenta el *Poema de Santa Oria* en la secuencia del relato consisten, precisamente, en un desajuste entre el plano formal del contenido y el plano formal de la expresión y, por tanto, responden a esas anomalías que se producen por el doble proceso de la transposición del orden primitivo del texto, y la pérdida de partes, más o menos importantes, del mismo.

Por último, el análisis estilístico del poema apoya también nuestra tesis. En efecto, como se trata de una obra poemática, hay que tener en cuenta los rasgos peculiares que caracterizan la poesía de su autor. Tales son, entre otros, la anáfora, la paronomasia, la repetición de versos, hemistiquios, o parte de ellos, en dos o más cuartetas sucesivas, el eco o resonancia de sonidos a lo largo de varias cuadernas, las construcciones paralelísticas, la conservación de la misma rima en dos o más cuadernas, etc.; es decir, cualquier clase de repetición o reiteración —fonética, morfológica, sintáctica o conceptual—, la cual, como es sabido, no sólo sirve de adorno a la expresión poética, sino que tiene también un valor funcional, estructurador, en el sentido de que expresa enlaces y relaciones mentales que van más allá de la mera oración gramatical. [77]

Algunos de estos rasgos, por su repetición y constancia en todas las obras del Mester de clerecía, constituyen ver-

---

[77] Vid. Gili, *Curso*, p. 301; Auerbach, *Mímesis*, p. 103; Chasca, *El arte juglaresco*, p. 204; Hatzfeld, *Estudios*, p. 212.

daderos estilemas de dicha escuela y, por ende, también de Berceo. Otros son especialmente peculiares de este autor, y se registran abundantemente en su obra, como por ejemplo, la repetición idéntica, o con alguna variante, de versos, hemistiquios, frases, palabras, etc., en dos o más cuadernas sucesivas. [78]

Por medio de todas estas figuras, Berceo enlaza oraciones y períodos, versos y cuadernas. Son, pues, elementos formales que sirven de nexo en el desarrollo de la narración y, por ello, deben aparecer en lugares determinados y precisos, en forma que moldeen y configuren el poema de acuerdo con el peculiar estilo de Berceo.

Por ello, la consideración de estos rasgos estilísticos facilita en gran manera la labor de reordenación de las cuadernas y, en algunos casos, ellos por sí solos, nos revelan el primitivo orden del texto, permitiéndonos la unión de dos o más cuadernas, en virtud de ciertas palabras, ideas o construcciones que se repiten en alguno de sus versos.

Las dos clases de anomalías que presenta el texto, en la secuencia del relato —transposición del orden de algunas cuadernas, y pérdida de otras—, se distribuyen de distinta manera, a lo largo del poema.

En primer lugar, hay que señalar que, mientras los pasajes anómalos por pérdida de cuadernas sólo ocurren en las visiones, afectando, sobre todo, a la segunda y a la tercera, las alteraciones del orden del relato ocurren a lo largo de toda la obra, si bien son mucho más frecuentes en unas partes que en otras. La mayor densidad se encuentra en la serie de cuadernas 1-21 y en el episodio de la Segunda Visión, 116 (CXIX)-136 (CXXXIX), siendo poco frecuentes en el resto del poema.

También hay diferencias en el grado de estas alteraciones. La mayoría de ellas no rebasan los límites del pasaje o episodio que las contiene, por lo que la reordenación del texto no presenta excesivos problemas. Pero, en algunos casos, las cuadernas trastrocadas se hallan fuera

[78] Vid. Artiles, *Los recursos,* pp. 98-102.

del episodio al que pertenecen, enclavadas en otro distinto y muy alejado de aquél, como ocurre con las 203, 204 y 205, que pasan a ser las VI, VII y IX en el nuevo texto.

Dentro de un episodio, las alteraciones pueden consistir en el mero cambio de orden de dos cuadernas contiguas, o bien en una cuaderna o grupo de ellas que han sido desplazadas de su primitivo lugar de origen y se encuentran enclavadas en otro, más o menos distanciado de aquél.

Además, hay partes que sólo tienen una o dos cuadernas trastrocadas; otras, en las que, si bien su estructura resulta muy afectada, sin embargo la alteración se limita a un solo grupo o serie continuada que está fuera de su sitio. Por último, tenemos el caso de las dos primeras partes: Prólogo e Introducción, en las que las alteraciones son numerosas y diversas, afectando al conjunto de su estructura.

Por otra parte, aunque todas las transposiciones producen anomalías que afectan de alguna manera a la forma y el sentido del poema, ocurre que, mientras algunas llaman la atención, ya en una primera lectura, otras pasan fácilmente desapercibidas, y sólo se evidencian después de un detenido análisis.

Esta diferencia en el modo de revelarse las anomalías depende del carácter de la cuaderna o cuadernas transpuestas, así como de las que le preceden y siguen en su nuevo lugar de emplazamiento. Si aquéllas forman parte de una descripción o de un diálogo, su transposición se hace enseguida evidente, ya que la descripción apunta siempre al objeto que se describe, de tal manera que una parte de ella exige la contigüidad con el resto; y lo mismo ocurre si forman parte de un diálogo, puesto que las partes de éste son inseparables y se suceden en un orden riguroso, por lo que su disgregación o cambio de lugar se revela de inmediato.

Por las mismas razones, si una o varias cuadernas —sea cual fuere su contenido— se interpolan en pasajes descriptivos o dialogados romperán la esencial unidad de los mismos, evidenciándose el carácter anómalo de dicha interpolación. Por el contrario, si dentro de un pasaje narrativo se traspone el orden de algunas cuadernas, puede ocurrir que estas alteraciones pasen inadvertidas, porque no produzcan evidentes anomalías y/o contradicciones de sentido. Esto se explica por la peculiar forma de la narrativa de Berceo, caracterizada por una fuerte tendencia a desarrollar en cada cuaderna una unidad sintáctica y conceptual, de sentido pleno en sí misma, lo que les confiere una relativa independencia que hace posible ciertas transposiciones, sin que por ello la narración resulte demasiado incoherente.

Tal posibilidad se hace aún mayor si la cuaderna que se transpone sólo contiene una ampliación retórica, digresión, excurso, etc., no explícitamente ligada a lo anterior, por lo que admite una cierta movilidad, naturalmente siempre dentro de unos límites. Estas digresiones o ampliaciones retóricas, tan frecuentes en todo el Mester de clerecía, [79] se intercalan, sobre todo, en las partes narrativas, ya que el relato, por su variedad de datos y noticias, ofrece más ocasiones al comentario y observaciones del narrador, que las escenas dialogadas o los cuadros puramente descriptivos.

Todo lo expuesto puede explicar el hecho de que los trastrueques que han sido señalados con anterioridad pertenezcan a pasajes dialogados o descriptivos, mientras que los existentes en pasajes narrativos, aun siendo más numerosos, no hayan sido señalados hasta el momento.

En cuanto a las lagunas textuales son dos, de extensión muy desigual; la primera se encuentra entre las c. LXIV y LXV, y consiste en la falta de una cuaderna, en la que Oria preguntaría por el obispo don Gómez, y cuya falta hay que achacarla a un descuido del copista. La segunda, mucho más extensa, se encuentra entre las c. CXXXIX y CXL, y afecta a las Visiones Segunda y Tercera. Consiste en la falta de 16 cuadernas, correspondientes a un folio, el CIX', perdido antes de hacerse la foliación en el siglo XVI, como quedó dicho al hacer la descripción del Códice

---

[79] Vid. Michael, *The treatment*, pp. 143-174 y 294-296.

"in folio". Este folio, perdido, contendría lo que falta de la Segunda Visión, que en el texto actual se interrumpe bruscamente, cortando el diálogo entre Oria y la Virgen María. Naturalmente no podemos saber cómo se desarrollaba el resto de este episodio, pero podemos conjeturar que el diálogo se continuaría aún en una o dos cuadernas; luego, vendría la despedida entre Oria y la Virgen María, seguida de la retirada del coro de Vírgenes y de las tres Vírgenes con el lujoso lecho; finalmente, la escena terminaría con el despertar de Oria, sola en su celda, en la oscuridad de la noche.[80] Todo esto podría ocupar unas siete u ocho cuadernas. Además, habría una transición entre esta visión y la siguiente, que podría ocupar otras dos o tres cuadernas. Por último, la escena de la enfermedad de Oria, durante la cual tiene su Tercera Visión, comienza de manera abrupta en el texto actual, y hay que suponer que le faltan varias cuadernas al principio, introduciendo la escena, y encabezándola con, al menos, una cuaderna, en la que se diría el mes, el día y la hora aproximada en que Oria cae enferma, a la que seguirían dos o tres más, contando las circunstancias de esta enfermedad.

En resumen, las dieciséis cuadernas que faltan contendrían el final de la Segunda Visión, el comienzo de la Tercera y la transición entre ambas.

Es interesante observar que añadiendo estas 16 cuadernas, más la que falta entre las LXIV y LXV, a las 205 que tiene hoy el poema, nos encontramos con que éste, originariamente, tenía 222, lo que prueba, una vez más, la tendencia de Berceo —muy generalizada en la Edad Media— [81] a utilizar los valores numéricos en la composición de sus obras; así, la *Vida de Santo Domingo* tiene 777 cuadernas, y su estructura, como la de la *Vida de San Millán*, se basa en el número tres. En el *Poema de Santa*

<hr />

[80] Para el posible desarrollo del final de la Segunda Visión, vid. Uría, *El Poema de Santa Oria. Cuestiones*, 51-53.

[81] Vid. Curtius, *Literatura europea*, II, pp. 700-712. Para la composición numérica en el *Libro de Alexandre*, vid. Cañas, *Alexandre*, pp. 35-41.

Oria el poeta eligió el bíblico número siete, como base del esquema de composición, si bien el tres queda también integrado en su estructura, ya que ésta tiene una parte central, Segunda Visión, a la que se subordinan tres que la preceden y tres que la siguen. Además, Oria tiene tres visiones; en la primera se le aparecen tres Mártires; en el Cielo recorre tres mansiones, y desde la *siella* que guarda Voxmea, ve otras tres; en la Segunda Visión se le aparecen tres Vírgenes, etc.

Hemos visto que las lagunas que presenta el texto tienen su origen en una doble causa; un descuido del copista, en el primer caso, y un folio perdido en el segundo. Por el contrario, las causas que motivaron los desórdenes de las cuadernas no se nos ofrecen claras ni precisas. Por tanto, todo intento de explicarlas tendrá que ser meramente conjetural, sin ninguna pretensión de que haya sido exactamente así como ocurrieron los hechos.

En este sentido, vamos a proponer una explicación razonable y razonada de las circunstancias que pudieron concurrir para que se produjeran tan profundas alteraciones en la secuencia de las cuadernas.

En primer lugar, vamos a dividir los desórdenes en grupos: 1.º) c. 1-21; 2.º) c. 42; 3.º) c. 80-85; 4.º) c. 88; 5.º) c. 119-132; 6.º) c. 140; 7.º) c. 168; 8.º) c. 184; 9.º c. 203, 204, 205.

Comencemos por analizar el grupo 5.º (c. 119-132). En este grupo el desorden consiste en que una serie de siete cuadernas trastrueca su lugar de emplazamiento con otra serie, también de siete cuadernas; es decir, la serie de cuadernas *Ende a poco rato - Yo so Sancta Maria* (c. 119-125), se adelanta a la serie *Todas eran iguales - Luego que fue la freyra* (c. 126-132). Basta cambiar el orden de estas dos series entre sí, *Todas eran iguales - Luego que fue la freyra / Ende a poco rato - Yo so Sancta Maria* (c. 126-132 / 119-125), para que el texto recupere la secuencia correcta.

Analicemos ahora el grupo 4.º (c. 88). En este caso, la cuaderna *Como asmaua Oria* (c. 88), que debía ir entre *Díxolis: Piense Oria* (c. 102) y *Sennor, dixo, e Padre* (c.

103), se encuentra entre *Estos son los nuestros padres* (c. 87) y *Dexemos lo ál todo* (c. 89); es decir, la cuaderna *Como asmaua Oria* (c. 88) se adelantó catorce puestos con respecto al lugar que le correspondía.

Enseguida se observa en los desórdenes de los grupos 4.º y 5.º el papel que juega en ellos el núm. 7; en el grupo 5.º son dos series de siete cuadernas las que invierten su orden; en el grupo 4.º, la cuaderna *Como asmaua Oria* (c. 88), se adelanta catorce puestos, o sea, 7+7.

Pues bien, la relación del núm. 7 con estos desórdenes nos hace pensar que dichas series de cuadernas se encontraban en hojas que contenían siete cuadernas por cara. Así, la serie *Todas eran iguales - Luego que fue la freyra* (c. 126-132) ocuparía el recto de una hoja, y la serie *Ende a poco rato - Yo so Sancta Maria* (c. 119-125), el verso de la misma hoja. Basta que esta hoja estuviese suelta y colocada en posición invertida para que la serie *Ende a poco rato - Yo so Sancta Maria* (c. 119-125) quedase delante de la serie *Todas eran iguales - Luego que fue la freyra* (c. 126-132). Los copistas del Códice "in folio" no se dieron cuenta de la inversión de la hoja y, en consecuencia, copiaron las dos series de cuadernas en un orden inverso al que les correspondía.

En cuanto al desorden del grupo 4.º, también puede explicarse fácilmente con hojas de siete cuadernas por cara. En efecto, supongamos que la cuaderna *Estos son los nuestros padres* (c. 87) era la última del recto de una de estas hojas; copiada esta cuaderna, el copista pasó inadvertidamente dos hojas y copió la primera cuaderna del verso de la segunda hoja, que era *Como asmaua Oria* (c. 88); apercibido de su error, el copista volvió al verso de la primera hoja, y copió a continuación de *Como asmaua Oria* (c. 88) las siete cuadernas del verso de esta hoja y las siete cuadernas del recto de la hoja segunda, con lo que la cuaderna *Como asmaua Oria* (c. 88) quedó adelantada catorce puestos del lugar que le correspondía.

Verificado este cálculo, en relación con la hoja que originó el desorden del grupo 5.º (c. 119-132), comprobamos que entre ésta, de siete cuadernas por cara, y las dos que acabamos de analizar, también de siete cuadernas por cara cada una, tenía que haber una hoja de menor tamaño que contenía cinco cuadernas por cara, las c. 109-118.

Los datos obtenidos en estos cálculos nos llevan a suponer que la fuente que utilizó el Códice "in folio" para el *Poema de Santa Oria* sería un manuscrito con hojas de tamaño irregular, en las que el número de cuadernas copiadas oscilaría, por lo menos, entre cinco y siete cuadernas por cara. Asimismo, estos datos nos permiten reconstruir cuatro de estas hojas: Hoja A, $7+7$, r) (c. 81) *Dixieron li las uirgines-* (c. 87) *Estos son los nuestros padres;* v) (c. 89) *Dexemos lo ál todo-* (c. 95) *Respondioli Uoxmea.* Hoja B, $7+7$, r) (c. 96) *Todo esti adobo-* (c. 102) *Dixolis: Piense Oria;* v) (c. 88) *Como asmaua Oria-* (c. 108) *Tomaron la las martires.* Hoja C, $5+5$, r) (c. 109) *Abrio ella los oios-* (c. 113) *El Rey de los reyes;* v) (c. 114) *Onze meses senneros-* (c. 118) *Vido uenjr tres uirgines..* Hoja D, $7+7$, r) (c. 126) *Todas eran iguales-* (c. 132) *Luego que fue la freyra;* v) (c. 119) *Ende a poco rato-* (c. 125) *Yo so Sancta Maria.*

La reconstrucción de estas cuatro hojas nos evidencia que los desórdenes de los grupos 4.º y 5.º no estaban en este manuscrito, fuente del "in folio", y al mismo tiempo nos permiten ver cómo se produjeron al realizar su copia en el siglo XIV.

Otro desorden sobre el que nos da alguna luz la reconstrucción de estas hojas es el del grupo 3.º (c. 80-85). Nos encontramos aquí con un desorden similar al del grupo 5.º; en ambos casos dos series de igual número de cuadernas cambian entre sí su lugar de emplazamiento. En efecto, la serie *Alço Oria los oios - Alli es Sant Esteuan* (c. 80-82) se adelanta a la serie *Vido mas adelante - Y ujdo a Galindo* (c. 83-85). Basta, pues, invertir la posición de estas dos series para que el texto recupere el orden correcto. Sin embargo, en este caso, no podemos atribuir el desorden a los copistas del Códice "in folio", puesto que, en la hoja A que hemos reconstruido puede verse que las cinco últimas cuadernas, de las seis que componen este grupo, se encuentran en el recto de esta hoja, mientras que la primera ocuparía el último puesto del verso de la hoja anterior. Dada esta posición de las cuadernas, no es concebible que los copistas del Códice "in folio" se saltasen las tres cuadernas de la serie *Vido mas adelante - Y ujdo a Galindo* (c. 83-85), copiasen las tres cuadernas de la serie *Alço Oria los oios - Alli es Sant Esteuan* (c. 80-82) y luego volvieran atrás para copiar la serie que se habían saltado. Por consiguiente hay que pensar que el grupo 3.º (c. 80-85) ya estaba desordenado en el manuscrito fuente del "in folio".

Vamos a ocuparnos ahora de los grupos 2.º (c. 42), 6.º (c. 140) y 7.º (c. 168), que tienen en común el ser una cuaderna la que está desplazada del lugar que le corresponde, si bien la motivación del desplazamiento sea, como veremos, diferente.

En el grupo 7.º (c. 168), el desorden consiste en que la cuaderna *Vido con don Garçia* (c. 168) que debía de ir entre *Vido a don Garçia* (c. 165) y *Preguntoli Amunna* (c. 166), se encuentra entre *Sepas, dixo Garcia* (c. 167) y *Despierta fue Amunna* (c. 169). Parece claro que el copista se saltó la cuaderna *Vido con don Garçia* (c. 168) y después de copiar las dos que la seguían *Perguntoli Amunna - Sepas, dixo Garcia* (c. 166-167), se dio cuenta de su error y recuperó la cuaderna saltada, copiándola a continuación de éstas. La razón de este descuido es fácilmente explicable, ya que la cuaderna saltada, *Vido con don Garçia* (c. 168), comienza con un hemistiquio, prácticamente igual al de la cuaderna que le precedía, *Vido a don Garçia* (c. 165), lo que pudo confundir al copista, haciéndole creer que ya había copiado dicha cuaderna; es, pues, un desorden que no hay inconveniente en imputar a los copistas del Códice "in folio".

En el grupo 2.º (c. 42), nos encontramos con un caso análogo al anterior. La cuaderna *Quando durmja Iacob* (c. 42), que debía de ir entre *Auja en la colunpna* (c. 39) y *Moujosse la polonba* (c. 40), se encuentra entre *Enpeçaron las uirgines* (c. 41) y *Ya eran, Deo graçias* (c. 43). Aquí, como en el grupo 7.º, una cuaderna, la c. 42, se encuentra dos puestos retrasada con relación al lugar que le correspondía, de manera que podría explicarse como un simple descuido de los copistas del Códice "in folio". Sin embargo, la repetición anafórica de *Quando* en c. 41c y c. 42a, *Quando don Oria cató, Quando durmja Iacob,* nos hace sospechar que el desorden se motivó porque la c. 41 atrajo hacia sí a la c. 42, [82] y por consiguiente no parece que este desorden sea debido a los copistas del siglo xiv, sino que debía estar ya en el manuscrito fuente del Códice "in folio".

En cuanto al grupo 6.º (c. 140), la cuaderna desplazada, *La madre con la rauia* (c. 140), se adelanta cuatro cuadernas al puesto que le corresponde. No es imposible que esta alteración sea debida a un descuido de los copistas del Códice "in folio"; sin embargo, pensamos que lo mismo que en el caso del grupo 2.º (c. 42), la razón del desorden pudo ser la atracción entre el *folgada* de la c. 139d y el *folgar* de la c. 140a, *cuidó seer folgada, non se podia folgar,* y que este desorden ya se encontraba en el manuscrito fuente del Códice "in folio".

Pasemos a estudiar ahora los grupos 1.º (c. 1-21) y 9.º (c. 203-205). La razón de estudiar estos dos grupos, juntos, es porque, en realidad, constituyen uno solo, puesto que originariamente las c. 203, 204 y 205 formaban parte de la serie 1-21. Es indudable que dentro de esta serie es en donde se da un mayor número de desórdenes e incluso donde los desplazamientos de cuadernas alcanzan mayor separación. Dejando aparte las c. 203, 204, 205 que, debiendo de ocupar los puestos VI-VII y IX se encuentran al final del poema, tenemos otras, como *De suso la nonbramos* que, correspondiéndole el puesto XXIV, se halla emplazada en el 6.º lugar, o *Sanctos fueron sin dubda* que se adelanta del puesto XVII que le corresponde, al 7.º lugar. Sin duda, ninguno de estos desórdenes puede suponerse producido por descuidos de un copista, y por

[82] Debo y agradezco esta sugerencia, así como la de la c. 140, que explico en el grupo siguiente, a mi buen amigo, el profesor Alan D. Deyermond.

tanto no pueden imputarse a los copistas del Códice "in folio", sino que es necesario pensar que ya se encontraban en el manuscrito que les sirvió de fuente. [83]

Ahora bien, si estos desórdenes se encontraban ya en el manuscrito que sirvió de fuente al Códice "in folio", y del que hemos podido reconstruir cuatro hojas, tendremos que preguntarnos cuál fue la base de este manuscrito y si estaban en ella las causas que motivaron los desórdenes que él transmitió al Códice "in folio".

Para esto es necesario plantear la cuestión de cómo sería la transmisión autor-primera copia. Son muy pocas las noticias que han llegado hasta nosotros sobre esto. Sabemos que el autor se servía de tablillas de cera para componer su texto, y que, una vez fijado éste, se copiaba en pergamino, sea por el propio autor —si había lugar—, o bien por un copista.

---

[83] En mi publicación de Logroño (*El Poema*, p. 148) apuntaba la posibilidad de que la primera y última partes del poema ya estuviesen destruidas en el siglo XIV, y se rehiciesen de memoria. Desde luego, no es imposible que así fuese, pues es bien sabido que las estrofas que constituyen una unidad semántica y lingüística —como es el caso de las de nuestro poema— son susceptibles de recordarse, sin alterar el metro, ni la rima, pero, en cambio, es frecuente que se altere su orden de sucesión. Fenómenos así están bastante ejemplificados en canciones trovadorescas que han llegado hasta nosotros, en diversos manuscritos, con las estrofas distintamente ordenadas, lo que sólo se explica por un dictado de memoria, probablemente del juglar al copista (vid. Riquer, *Los trovadores*, I, pp. 18 y 141-142). El recordar en el siglo XIV todo, o parte del *Poema de Santa Oria* nada tiene de extraño, y no es necesario postular para ello una tradición de recitación juglaresca. Pensemos que en el Monasterio de San Millán se leería con frecuencia el poema de Berceo, en los recreos, durante las comidas, en los aniversarios de la Santa, etc. Un monje que llevase tiempo en el Monasterio lo habría oído leer muchas veces y él mismo lo habría leído en voz alta, o privadamente; por tanto, bien podía recordarlo en la primera mitad del siglo XIV, pues el manuscrito base del "in folio" pudo conservarse completo hasta poco tiempo antes de ser copiado en el nuevo Códice. No obstante, aunque todo esto es posible, hoy me inclino más a pensar que los desórdenes del poema se produjeron por las causas y en la forma que arriba quedan expuestas.

Es indudable que el uso de tablillas de cera era fundamental para el período de creación del texto. Las tablillas, como nuestras pizarras escolares, permitirían al autor borrar y rehacer el texto tantas veces como fuera necesario, hasta lograr la forma definitiva. Si el texto tenía una extensión media que ocupase un número reducido de tablillas, se comprende que el autor lo mantuviese fijado en ellas, hasta pasarlo a pergamino. Sin embargo, si el texto era muy extenso —como es el caso de un poema del Mester de clerecía— ocurriría que el número de tablillas necesario para contenerlo sería muy elevado, y dado que la composición de estos poemas exigiría, lógicamente, mucho tiempo, el resultado sería el de un alto número de tablillas inutilizadas por un largo período de tiempo, y el consecuente riesgo de que en alguna de ellas el texto sufriese deterioro. [84]

Por todo ello, es lógico pensar que, en el caso de obras extensas, el autor, si bien utilizaría las tablillas para ir componiendo su texto, a medida que éste iba quedando fijado, lo iría pasando a soportes más firmes y estables, tales como recortes de pergamino, u otro material durable. Una vez que la obra estuviese terminada, estos soportes, rigurosamente ordenados, pasarían a manos del copista, quien después de estudiar su extensión y calcular el número de hojas y cuadernillos necesarios para contenerla, realizaría la copia, a la que podemos llamar primera copia, autógrafo, como propone Riquer, [85] o copia original.

Pues bien, hechas estas consideraciones, si ahora analizamos los desórdenes de los grupos 1.º (c. 1-21) y 9.º (c. 203, 204, 205), comprobamos que unas veces se desplaza una cuaderna aislada, como en el caso de las c. 4, c. 5, c. 6, c. 7 y c. 205; otras veces el desplazamiento es de dos cuadernas, como en el caso de las c. 203 y c. 204;

[84] Añádase a esto que si el poema tardaba mucho tiempo en componerse, es posible que el autor interrumpiese su trabajo durante un tiempo para atender a otras obligaciones, con lo que aún sería mayor el riesgo de deterioro de la parte ya compuesta.
[85] Vid. Riquer, *Los trovadores*, I, p. 16.

en otros casos el desorden consiste en que un grupo de dos cuadernas invierte su lugar de emplazamiento con un grupo de tres, como ocurre con los grupos 17-18-19 y 20-21, cuyo orden correcto es 20-21, 17-18-19, o bien dos cuadernas invierten su posición entre sí, como ocurre con las c. 8 y c. 9, cuyo orden correcto es c. 9, c. 8. Si ahora observamos las cuadernas que se han conservado ordenadas, vemos que algunas son cuadernas aisladas, como la c. 10 y la c. 16; otras están en un grupo de tres, así las c. 1-2-3, y otras están en una serie de cinco, las c. 11-15, que podrían dividirse en dos grupos de dos y tres, o de tres y dos cuadernas.

Vemos, que tanto las cuadernas desordenadas como las ordenadas de estos dos grupos 1.º (c. 1-21) y 9.º (c. 203, 204, 205), forman núcleos de una, dos o tres cuadernas, de tal manera que, según ordenemos estos núcleos, obtendremos una secuencia textual, análoga a la que nos ha transmitido el Códice "in folio", o a la que debía de tener originariamente el texto. Por tanto, podemos pensar que estos núcleos de una, dos o tres cuadernas se corresponden con las unidades materiales o soportes, en las que el autor fue fijando su texto.

Llegados a este punto, nos encontramos con datos suficientes para conjeturar cuál era la base del manuscrito, fuente del Códice "in folio" para el *Poema de Santa Oria,* y cuáles fueron las causas que motivaron los desórdenes que él transmitió.

El autor, Berceo, iría componiendo las cuadernas del poema en tablillas de cera y, una vez fijadas en su forma definitiva, las pasaría a pequeños fragmentos de pergamino, u otra clase de soporte material, con cabida para una, dos o tres cuadernas. Acabada la obra y ordenados estos soportes, pasaron a manos del copista. Causas imprevistas desordenaron los soportes de la primera parte del poema y, al realizar la copia, no contando con la presencia del autor (¿había muerto ya Berceo?), el copista —que naturalmente no conocía el poema— reordenó estos soportes desordenados, en razón a su solo criterio, produciendo los desórdenes que hoy contiene el texto.

El que la base del manuscrito fuente del Códice "in folio" fuesen los soportes originales del autor explica también con facilidad aquellos desórdenes del interior del poema que —como hemos visto— no eran imputables a los copistas del siglo XIV. En efecto, recordemos que el desorden del grupo 3.º (c. 80-85) consistía en la posición invertida de dos series de tres cuadernas cada una, la serie *Alçó Oria los oios - Alli es Sant Esteuan* (c. 80-82) y la serie *Vido mas adelante - Y ujdo a Galindo* (c. 83-85); pues bien, si cada una de estas series estaba copiada en un soporte independiente, u ocupando cada serie una cara de un solo soporte, la inversión de su orden es fácil de explicar.

Del mismo modo, los desórdenes de los grupos 2.º (c. 42) y 6.º (c. 140) —en que las cuadernas *Quando durmja Iacob* (c. 42) y *La madre con la rauia* (c. 140) alteran su posición— son fácilmente explicables, si estas cuadernas estaban copiadas en soportes individuales que se desplazaron de su puesto, y a los que el copista asignó un nuevo lugar, en razón de la repetición anafórica de *Quando* en 41c y 42a, para la primera, y de los sintagmas *folgada* 139d y *folgar* 140a, para la segunda.

Queda por analizar la cuaderna *Gonçalo li dixieron* (c. 184) que, siendo la última del poema, se encuentra entre *Cuerpos son derecheros* (c. 183) y *Aun non me querria* (c. 185). Es indudable que esta cuaderna se encontraba sola en un soporte, y cabe pensar que, al desplazarse las cuadernas del grupo 9.º (c. 203, 204, 205) al final del poema, el copista se encontró con dos cuadernas de cierre, la que estamos estudiando y la c. 205, *Dello sopo de Oria*. Como quiera que esta última está, en cierto modo, ligada a las que le preceden, c. 204 y c. 203, el copista pudo pensar que *Gonçalo li dixieron* (c. 184) se había desplazado de su sitio, y así la colocó detrás de la descripción de la tumba de Oria y Amunia, como cierre del episodio de la muerte de Oria. De todas formas, queremos señalar el hecho de que esta cuaderna ocupa, en el Códice "in folio", el último puesto del verso del último folio del último cuadernillo, estando las restantes cuadernas del poema (c. 185-205) en dos folios sueltos.

Resumiendo todo lo expuesto, proponemos:

El Códice "in folio" (Ms. 4b de la R.A.E.) tuvo como fuente para el *Poema de Santa Oria* un manuscrito con hojas de tamaño irregular, en las que el número de cuadernas copiadas oscilaría, por lo menos, entre cinco y siete cuadernas por cara, y del que es posible reconstruir cuatro hojas, A, B, C y D, que contenían las c. 81 (LXXXVII)-132 (CXXVIII). Los desórdenes de los grupos 4.º (c. 88), 5.º (c. 119-132) y 7.º (c. 168) son imputables a los copistas del Códice "in folio".

Este manuscrito irregular, fuente del Códice "in folio", era la primera copia, autógrafo o copia original del poema, y tuvo como base el texto fijado por Berceo en soportes independientes, que contenían una, dos o tres cuadernas. Los desórdenes de los grupos 1.º (c. 1-21), 2.º (c. 42), 3.º (c. 80-85), 6.º (c. 140), 8.º (c. 184) y 9.º (c. 203, 204, 205) pertenecen a este manuscrito.

Por tanto, para la transmisión manuscrita del *Poema de Santa Oria* podemos proponer la siguiente filiación

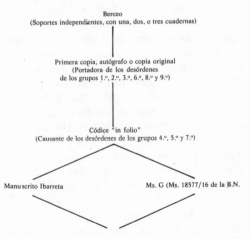

Berceo
(Soportes independientes, con una, dos, o tres cuadernas)

Primera copia, autógrafo o copia original
(Portadora de los desórdenes
de los grupos 1.º, 2.º, 3.º, 6.º, 8.º y 9.º)

Códice "in folio"
(Causante de los desórdenes de los grupos 4.º, 5.º y 7.º)

Manuscrito Ibarreta   Ms. G (Ms. 18577/16 de la B.N.

ISABEL URÍA MAQUA

NOTICA BIBLIOGRÁFICA

Sánchez, T. A., *Colección de Poesías Castellanas anteriores al siglo XV...*, Madrid, Sancha, 1779-90. 4 vols. (Primera edición de la *Vida de Santa Oria*, tomo II, págs. 435-61; Sánchez utiliza como base el Ms. G, que coteja con el Ms. I, vid. *Colección*, I, pág. 121, n. 189.)

Ochoa, Eugenio de, *Colección de los mejores autores españoles antiguos y modernos*. París, Baudry, 1842. (Es una reimpresión de la obra de Sánchez, más la continuación de Pedro José Pidal.)

Janer, Florencio, *Poesías de Berceo* en *Poetas castellanos anteriores al siglo XV*. Madrid, Rivadeneyra, 1864. (Biblioteca de Autores Españoles, 57.) (Reproduce con pequeñas variaciones los textos 1 y 2.)

Alvarez de la Villa, A., *Prosas*. París, L. Michaud, 1912. (Biblioteca Económica de Clásicos Castellanos.)

Carroll Marden, C., *Cuatro poemas de Berceo. (Milagros de la Iglesia robada y de Teófilo y Vidas de Santa Oria y de San Millan.)* Nuevo manuscrito de la Real Academia Española. Edición de —. Madrid, RFE, Anejo IX, 1928. (Este nuevo manuscrito es el Ms. 4b=F.)

Berceo, Gonzalo de, *Vida de Sancto Domingo de Silos. Vida de Sancta Oria*. 1.ª ed. Madrid, Espasa-Calpe, 1943. (Col. Austral, 344.) (Reproduce el texto de Florencio Janer.)

——, *La vida de Santa Oria*. Introduzione e note a cura di Giovanna Maritano. Varese-Milano, Istituto Editoriale Cisalpino, 1964. (Biblioteca Hispánica.) (Para la edición utiliza como base el Ms. I con variantes de A [=F] y Sánchez, pág. 35.)

Perry, Anthony T., *Art and Meaning in Berceo's Vida de Santa Oria*. New Haven and London, Yale University Press,

1968. (Yale Romanic Studies, second series, 19.) (Para la edición del poema utiliza el texto de Sanchez, pág. 197, n.1.)

Poemas. Berceo, Prólogo de Carlos Ayala. Barcelona, Zeus (c. 1969). (Reproduce el texto de Florencio Janer.)

Obras completas de Gonzalo de Berceo. Logroño, 1971. (Reproduce el texto de Florencio Janer.)

Uría Maqua, Isabel, *El Poema de Santa Oria de Gonzalo de Berceo.* Logroño, Instituto de Estudios Riojanos, 1976. (Centro de Estudios "Gonzalo de Berceo", n.º 1.) (Edición crítica, tomando como base el Ms. 4b de la RAE.)

Poesía española medieval. Edición, introducción, notas y vocabulario de Manuel Alvar. 2.ª ed. Madrid, Cupsa, 1978. (Col. Hispánicos Universales, n.º 14.) (Para "La vida de Santa Oria", págs. 152-205, reproduce la edición de I. Uría. *El Poema de Santa Oria,* Logroño, 1976.)

BIBLIOGRAFÍA SELECTA *

Alarcos Llorach, *Apuntaciones*: E. Alarcos Llorach, "Apuntaciones sobre toponimia riojana". *Berceo*, V (1950), 473-92.

——, *Gramática*: E. Alarcos Llorach, *Estudios de Gramática Funcional del Español*. Madrid, Gredos, 1970.

——, *Investigaciones*: E. Alarcos Llorach, *Investigaciones sobre el Libro de Alexandre*. RFE, 1948, Anejo XLV.

Alonso, *Berceo y los topoi*: Dámaso Alonso, "Berceo y los topoi", en su *De los siglos oscuros al de Oro*. Madrid, Gredos, 1958.

——, *La primitiva épica*: Dámaso Alonso, "La primitiva épica francesa a la luz de una Nota emilianense", en su *Primavera temprana de la Literatura europea*. Madrid, Guadarrama (c. 1961).

Alvar, *Apolonio*: Manuel Alvar, *Libro de Apolonio. Estudios, ediciones, concordancias*. Valencia, Fundación Juan March, Castalia (c. 1976). 3 vols.

——, *El dialecto*: Manuel Alvar, *El dialecto riojano*. Méjico, 1969.

——, *En torno a calabrina*: Manuel Alvar, "En torno a calabrina (S. Or. 104b)". II Jornadas de Estudios Berceanos. Actas. *Berceo*, 94-95 (1978), 7-15.

——, *Nota sobre captenencia*: Manuel Alvar, "Nota sobre captenencia". RFE, LVIII (1976), 231-35.

Amador de los Ríos, *Historia crítica*: José Amador de los Ríos, *Historia crítica de la Literatura Española*. Ed. Facsímil, Madrid, Gredos (c. 1969). 7 vols. (Biblioteca Románica Hispánica. IX Facsímil.)

* Se da aquí la bibliografía citada en el libro, en forma abreviada.

Argaiz, *La Soledad Laureada*: Gregorio de Argaiz, *La Soledad Laureada por San Benito y sus hijos en las iglesias de España*. Madrid, 1675.

Artiles, *Los recursos*: J. Artiles, *Los recursos literarios de Berceo*. Madrid, Gredos, 1964.

Auerbach, *Mimesis*: E. Auerbach, *Mimesis: La realidad en la literatura*. Méjico, Fondo de Cultura Económica, 1950.

Baehr, *Manual*: Rudolf Baehr, *Manual de versificación española*. Madrid, Gredos (c. 1970).

Blecua, *El conde Lucanor*: José Manuel Blecua, *El conde Lucanor*. Madrid, Clásicos Castalia (c. 1969).

Bobes, *Cuestiones semánticas*: M.ª del Carmen Bobes Naves, "Cuestiones semánticas en torno a documentos leoneses". Separata de *Archivos Leoneses*, 45-46 (1969), 356-58.

Burke, *The four comings*: James F. Burke, "The four 'comings' of Christ in Gonzalo de Berceo's *Vida de Santa Oria*". *Speculum*, 48 (1973), 293-312.

Cañas, *Alexandre*: *Libro de Alexandre*. Edición preparada por Jesús Cañas Murillo. Madrid, Editora Nacional (c. 1978). (Biblioteca de la Literatura y el Pensamiento hispánicos, n.º 35.)

Cartulario de San Millán: Antonio Ubieto Arteta, *Cartulario de San Millán de la Cogolla (759-1076)*. Textos Medievales 48, Valencia, 1976.

Cohen, *Estructura*: J. Cohen, *Estructura del lenguaje poético*. Madrid, Gredos, 1970.

Colección Diplomática: *Colección Diplomática del Monasterio de San Vicente de Oviedo*. Estudio y transcripción por Pedro Floriano Llorente. Oviedo, Instituto de Estudios Asturianos, 1968.

Curtius, *Literatura europea*: E. R. Curtius, *Literatura Europea y Edad Media latina*. Méjico, Fondo de Cultura Económica, 1955. 2 vols.

Chasca, *El arte juglaresco*: Edmundo de Chasca, *El Arte juglaresco en el Cantar de Mio Cid*. Madrid, Gredos, 1967.

Delehaye, *Les légendes*: H. Delehaye, *Les légendes hagiographiques*. Bruselas, 1906.

Devoto, *Milagros*: *Gonzalo de Berceo, Milagros de Nuestra Señora*. Texto íntegro en versión de Daniel Devoto. Valencia, Castalia, 1957. (Odres Nuevos.)

Deyermond, *Berceo*: Alan Deyermond, "Berceo, el diablo, y los animales", en *Homenaje al Instituto de Filología y Li-*

teraturas Hispánicas Dr. Amado Alonso en su cincuentena-rio, 1923-1973. Buenos Aires, 1975, págs. 82-90.

Deyermond, *Historia de la Literatura*: Alan D. Deyermond, *Historia de la Literatura española. La Edad Media.* Barcelona, Ariel (c. 1973).

Dutton, *A Chronology*: Brian Dutton, "A Chronology of the works of Gonzalo de Berceo". En *Medieval Hispanic Studies, presented to Rita Hamilton.* Edited by A. D. Deyermond. London, Tamesis Books (c. 1976), págs. 67-76.

——, *Berceo's Bad Bishop*: Brian Dutton, "Berceo's Bad Bishop in the *Vida de Santa Oria*". En *Medieval Studies in honor of Robert White Linker.* Valencia, Castalia (c. 1973), págs. 95-102.

——, *French influences*: Brian Dutton, "French influences in the Spanish Mester de Clerecía". En *Medieval Studies in honor of Robert White Linker.* Valencia, Castalia (c. 1973), págs. 73-93.

——, *La fecha del nacimiento*: Brian Dutton, "La fecha del nacimiento de Gonzalo de Berceo". II Jornadas de Estudios Berceanos. Actas. *Berceo*, 94-95 (1978), 265-67.

——, *Reseña*: Brian Dutton, "Reseña a *El Poema de Santa Oria de Gonzalo de Berceo* por Isabel Uría Maqua. Logrono, 1976". MLR, 73 (1978), 210-12.

——, *San Millán*: Brian Dutton, *La "Vida de San Millán de la Cogolla" de Gonzalo de Berceo. Estudio y edición crítica.* London, Tamesis Books (c. 1967). (Col. Tamesis, Serie A-Monografías, IV.)

——, *The profession*: Brian Dutton, "The profession of Gonzalo de Berceo and the Paris manuscript of the *Libro de Alexandre*", BHS, XXXVII (1960), 137-45.

Faral, *Les Arts poétiques*: Edmond Faral, *Les Arts poétiques du XIIᵉ et du XIIIᵉ siècle.* Paris, 1962.

Faulhaber, *Latin Rhetorical*: Charles Faulhaber, *Latin Rhetorical Theory in Thirteenth and Fourteenth Century Castile.* Berkeley-Los Angeles-London, 1972.

Ferotin, *Histoire*: M. Ferotin, *Histoire de l'Abbaye de Silos.* París, MDCCCXCVII.

Fitz-Gerald, *Versification*: J. D. Fitz-Gerald, *Versification of the Cuaderna Vía as found in Berceo's* Vida de Santo Domingo de Silos. New York, Columbia Univ. Press, 1905.

García de la Concha, *Los Loores*: Víctor García de la Concha, "Los Loores de Nuestra Señora un Compendium Historiae Salutis". II Jornadas de Estudios Berceanos. Actas. *Berceo*, 94-95 (1978), 133-189.

Garrido, *Curso de Liturgia*: Manuel Garrido Bonaño, *Curso de Liturgia romana*. Madrid, Biblioteca de Autores Cristianos, 1961.

Gili, *Curso*: Samuel Gili y Gaya, *Curso superior de sintaxis española*. Barcelona, 1954.

Goicoechea, *Vocabulario*: Cesáreo Goicoechea, *Vocabulario riojano*. Madrid, BRAE, 1961. (Anejo VI.)

González Ollé, *Observaciones filológicas*: Fernando González Ollé, "Observaciones filológicas al texto del Viaje al Parnaso". MSI, 6 (1963), 99-109.

Gorog, *La sinonimia*: Ralph de Gorog, "La sinonimia en Berceo y el vocabulario del *Libro de Alexandre*", HR, XXXVIII (1970), 353-67.

Guillén, *Lenguaje*: Jorge Guillén, "Lenguaje prosaico: Berceo", en su *Lenguaje y poesía*. Madrid, Alianza Editorial (c. 1969), págs. 11-30.

Gybbon-Monypenny, *The Spanish*: G. Gybbon-Monypenny, "The Spanish mester de clerecia and its intended public...". En *Medieval Miscellany presented to Eugène Vinaver*. Manchester, 1965, págs. 230-44.

Hanssen, *Gramática*: F. Hanssen, *Gramática histórica de la lengua castellana*. Halle, 1913.

——, *Sobre el hiato*: F. Hanssen, "Sobre el hiato en la antigua versificación castellana". AUCH, XCIV (1896), 911-14.

——, *Sobre la formación del imperfecto*: F. Hanssen, "Sobre la formación del imperfecto en las poesías de Gonzalo de Berceo". AUCH, 1895 (tirada aparte).

Hatzfeld, *Estudios*: H. Hatzfeld, *Estudios sobre el Barroco*. Madrid, Gredos, 1966.

Henríquez Ureña, *La cuaderna vía*: Pedro Henríquez Ureña, "La cuaderna vía". RFH, VII (1945), 45-47.

——, *Sobre la historia*: Pedro Henríquez Ureña, "Sobre la historia del alejandrino". RFH, VIII (1946), 1-11.

Kayser, *Interpretación*: W. Kayser, *Interpretación y análisis de la obra literaria*. Madrid, Gredos, 1971.

Koberstein, *San Millán*: Gonzalo de Berceo. *Estoria de San Millán*. Testkritische Edition von Gerhard Koberstein. Münster Westfallen (c. 1964).

Lanchetas, *Gramática*: Rufino Lanchetas, *Gramática y vocabulario de las obras de Berceo*. Madrid, 1900.

Lapesa, *La apócope*: Rafael Lapesa, "La apócope de las vocales en castellano antiguo. Intento de explicación histórica". *Estudios dedicados a Menéndez Pidal*, II. Madrid, 1951.

——, *Notas*: Rafael Lapesa, "Notas para el léxico del siglo XIII". RFE, XVIII (1931), 113-19.

Lausberg, *Manual*: H. Lausberg, *Manual de retórica literaria*. Madrid, Gredos, 1966-68. 3 vols.

Lemartinel, *Reseña*: Jean Lemartinel, "Reseña a Isabel Uría Maqua, *El Poema de Santa Oria de Gonzalo de Berceo*. Logroño, 1976". BHi, LXXX n.º 1-2 (1978), 141.

Libro de Cuentas: *Libro de Cuentas de la Cofradía de Santa Oria en Villavelayo*. (Se describe en la n. 25 de la Introducción.)

Lida, *Estar en un baño*: M.ª Rosa Lida, "Estar en (un) baño, estar en un lecho de rosas". RFH, III (1941), 263-70.

——, *Notas*: M.ª Rosa Lida, "Notas para el texto de la *Vida de Santa Oria*". RPh, X (1956), 19-33.

——, *Nuevas notas*: M.ª Rosa Lida, "Nuevas notas para la interpretación del *Libro de buen amor*". En su: *Estudios de Literatura Española y Comparada*. Buenos Aires, EUDEBA (c. 1966), págs. 14-91.

Lope Blanch, *La expresión temporal*: Juan Manuel Lope Blanch, "La expresión temporal en Berceo". NRFH, X (1956), 36-41.

Lucas Álvarez, *Libro Becerro*: Manuel Lucas Álvarez, *Libro Becerro del Monasterio de Valbanera*. Zaragoza, 1950. (En Estudios de Edad Media de la Corona de Aragón. Sección de Zaragoza. Vol. IV, págs. 451-647.)

Malkiel, *La familia léxica*: Yakov Malkiel, "La familia léxica *lazerar, laz(de)rar, lazería*. Estudios de Paleontología lingüística". NRFH, VI (1952), 209-76.

Marden, *Cuatro poemas*: C. Carroll Marden, *Cuatro poemas de Berceo*. RFE, 1928 (Anejo IX).

——, *Veintitrés Milagros*: C. Carroll Marden, *Berceo. Veintitrés Milagros*. RFE, 1929 (Anejo X).

Mecolaeta, *Historia aliquorum*: Fray Diego de Mecolaeta, *Historia aliquorum sanctorum aemilianorum... cum notis Fr. Jacobi Mecolaetae...* Archivo de San Millán de la Cogolla. (El ms., inédito, no tiene signatura y contiene las Vidas de San Millán, Santa Potamia, Santo Domingo de Silos, y Santa Oria, en latín; además un Catálogo de los

Abades del Monasterio de San Millán de Suso y de Yuso, hasta el año 1282, y una descripción del antiguo Monasterio de Suso.)

Menéndez Pelayo, *Historia*: Marcelino Menéndez Pelayo, *Historia de la poesía castellana en la Edad Media*. Madrid, 1911-16. 3 vols.

Michael, *The treatment*: Ian Michael, *The Treatment of Classical Material in the* Libro de Alexandre. Manchester, University Press, 1970.

Pasionario Hispánico: *Pasionario Hispánico (siglos VII-XI)*, por R. Dr. Angel Fábrega Grau, Pbro. Madrid-Barcelona, CSIC, 1953. 2 vols. (Monumenta Hispaniae Sacra. Serie Litúrgica, vol. VI.)

Patch, *El otro mundo*: H. Rollin Patch, *El otro mundo en la Literatura medieval*. Méjico, Fondo de Cultura Económica, 1956.

Peña, *Documentos*: Joaquín Peña de San José, "Documentos del convento de San Millán de la Cogolla en los que figura Don Gonzalo de Berceo". *Berceo*, XIV, 50 (1959), 79-93. Recogido en su: *Páginas Emilianenses*. Salamanca, Revista Ioseph, 1972, págs. 155-69.

——, *Glosas*: Joaquín Peña de San José, "Glosas a la *Vida de Santa Oria* de Don Gonzalo de Berceo". *Berceo*, LX (1961), 371-82. Recogido en: *San Millán de la Cogolla. En su XV centenario (473-1973)*. Logroño, Ochoa, 1974. (N.º monográfico del Boletín de la Provincia de San José. Agustinos Recoletos.)

Pérez Alonso, *Historia de la Real Abadía*: Alejandro Pérez Alonso, *Historia de la Real Abadía de Nuestra Señora de Valvanera, en la Rioja*. Gijón, 1971.

Perry, *Art and Meaning*: T. Anthony Perry, *Art and Meaning in Berceo's* Vida de Santa Oria. New Haven and London, Yale University Press, 1968. (Yale Romanic Studes, Second Series 19.)

Pidal, *Cid*: Ramón Menéndez Pidal, *Cantar de Mio Cid. Texto, Gramática y Vocabulario*. 3.ª ed., Madrid, Espasa-Calpe, 1954-56. 3 vols.

——, *Poesía juglaresca*: Ramón Menéndez Pidal, *Poesía juglaresca y orígenes de las Literaturas Románicas*. 6.ª ed., Madrid, Instituto de Estudios Políticos, 1957.

Ricard, *Notes*: Robert Ricard, "Notes sur Berceo". LNL, 172 (1965), 2-16.

Riquer, *Los trovadores*: Martín de Riquer, *Los trovadores. Historia literaria y textos*. Barcelona, Planeta (c. 1975). 3 vols.

Ruffinatto, *Berceo agiografo*: Aldo Ruffinatto, "Berceo agiografo e il suo pubblico". Studi di Letteratura Spagnola Roma, 1968-70, 9-23.

——, *La lingua*: Aldo Ruffinatto, *La lingua di Berceo. Osservazioni sulla lingua dei manoscritti della* Vida de Santo Domingo de Silos. Università di Pisa, 1974. (Istituto di Letteratura Spagnola e Ispano-Americana, 27.)

——, *Sillavas cuntadas*: Aldo Ruffinatto, "Sillavas cuntadas e Quaderna vía in Berceo. Regole e supposte infrazioni". *Medioevo Romanzo*, I (1974), 25-43.

Sánchez Ruipérez, *Un pasaje de Berceo*: M. Sánchez Ruipérez, "Un pasaje de Berceo". RFE, XXX (1946), 382-84.

Sandoval, *Fundaciones*: Fray Prudencio de Sandoval, *Las fundaciones de San Benito*. Madrid, Luis Sánchez, 1601.

Solalinde, *Milagros*: *Berceo. Milagros de Nuestra Señora*. Edición, prólogo y notas de Antonio G. Solalinde. Madrid, Espasa-Calpe, 1968. (Clásicos Castellanos, n.° 44.)

Spitzer, *Note*: Leo Spitzer, "Note on the poetic and the empirical 'I' in medieval authors". *Traditio*, IV (1946), 414-22.

Tentative Dictionary: *Tentative Dictionary of medieval Spanish*. Compiled by R. S. Boggs, Lloyd Kasten, Hayward Keniston, H. B. Richardson. Chapel Hill, North Carolina, U.S.A., 1946. 2 vols.

Uría, *El Poema*: Isabel Uría Maqua, *El Poema de Santa Oria de Gonzalo de Berceo*. Logroño, Instituto de Estudios Riojanos, 1976. (Col. Centro de Estudios "Gonzalo de Berceo", I.)

——, *El Poema de Santa Oria. Cuestiones*: Isabel Uría Maqua, "El poema de Santa Oria. Cuestiones referentes a su estructura y género". II Jornadas de Estudios Berceanos. Actas. *Berceo*, 94-95 (1978), 43-55.

——, *El P. Mecolaeta*: Isabel Uría Maqua, "El Padre Mecolaeta y los Códices emilianenses de las obras de Berceo". *Berceo*, 88 (1975), 31-38.

——, *En torno al significado*: Isabel Uría Maqua, "En torno al significado y origen del verbo *Musar*". En *Homenaje a la memoria de Carlos Clavería*, AO, 26 (1976), 451-59.

Uría, *Nuevos datos*: Isabel Uría Maqua, "Nuevos datos sobre el perdido folio CIX' del Códice F de los poemas de Berceo". *Berceo,* 93 (1977), 199-201.

——, *Oria emilianense*: Isabel Uría Maqua, "Oria emilianense y Oria silense". AO, XXI (1971), 305-36.

——, *Sobre la gramaticalización*: Isabel Uría Maqua, "Sobre la gramaticalización del modal *Soler* en textos de Clerecía de los siglos XIII y XIV". En *Estudios ofrecidos a Emilio Alarcos Llorach,* III. Universidad de Oviedo, 1978, 313-336.

Valbuena, *Historia*: Angel Valbuena Prat, *Historia de la Literatura Española.* 4.ª ed., Barcelona, Gili, 1953. 3 vols.

Walsh, *A Possible Source*: John K. Walsh, "A Possible Source for Berceo's *Vida de Santa Oria*". MLN, 87 (1972), 300-307.

——, *The missing*: John K. Walsh, "The missing segment in Berceo's *Vida de Santa Oria*". La Corónica, V, 1 (1976), 30-34.

Weber, *Notas*: Frida Weber de Kurlat, "Notas para la cronología y composición de las Vidas de Santos de Berceo". NRFH, XV (1961), 113-30.

Wellek, *Teoría literaria*: R. Wellek y A. Warren, *Teoría literaria.* Madrid, Gredos, 1962.

Yepes, *Crónica general*: Fray Antonio Yepes, *Crónica general de la Orden de San Benito.* Madrid, Atlas, 1959-60. 3 vols. (BAE, n.º 123, 124, 125.)

Ynduraín, *Una nota*: Francisco Ynduraín, "Una nota sobre la composición del *Libro de Buen Amor*". En *El arcipreste de Hita. El libro, el autor, la tierra, la época.* Barcelona, SERESA, 1973, págs. 217-31. (Actas del I Congreso Internacional sobre el Arcipreste de Hita.)

ABREVIATURAS Y SIGLAS

Alex.   *El libro de Alexandre. Texts of the Paris and
         the Madrid manuscripts prepared with an In-
         troduction* by R. S. Willis. Elliott Monographs,
         1934.

         Libro de Alexandre. Edición preparada por
         Jesús Cañas Murillo. Madrid, Editora Nacional
         (c. 1978). (Biblioteca de la Literatura y el Pen-
         samiento hispánicos, n.º 35.)

         Gonzalo de Berceo. *El libro de Alexandre.* Re-
         construcción crítica de Dana Arthur Nelson.
         Madrid, Gredos (c. 1979). (Biblioteca Romá-
         nica Hispánica. IV Textos, 13.)

Apol.   *Libro de Apolonio.* Estudios, ediciones, concor-
         dancias de Manuel Alvar. Valencia, Fundación
         Juan March, Castalia (c. 1976). 3 vols.

         *Libro de Apolonio. An old Spanish poem edi-
         ted by* C. Carroll Marden. Elliott Monographs,
         1917-1922. 2 vols.

Duel.   *El duelo de la Virgen.* Estudio y edición críti-
         ca de Brian Dutton. London, Tamesis Books
         (c. 1975). (Tomo III de las *Obras completas* de
         Gonzalo de Berceo.)

         *El duelo que hizo la Virgen María el día de la
         pasión de su fijo Jesu Christo* en *Poesías de
         Gonzalo de Berceo.* Ed. de Florencio Janer.
         Madrid, Atlas, 1952. (Poetas Castellanos ante-
         riores al siglo xv, tomo 57 de la BAE.)

Fern. Gonz.   *Poema de Fernán González.* Edición, prólogo
y notas de Alonso Zamora Vicente. Madrid,
Espasa-Calpe, 1954. (Clásicos Castellanos, nú-
mero 128.)

Lba.   Juan Ruiz. *Libro de buen amor.* Edición crítica
de Joan Corominas. Madrid, Gredos (c. 1967).
(Biblioteca Románica Hispánica. IV Textos.)

Juan Ruiz, Arcipreste de Hita. *Libro de buen
amor.* Edición, introducción y notas de Jacques
Joset. Madrid, Espasa-Calpe, 1974. 2 vols. (Clá-
sicos Castellanos, n.º 14.)

Loor.   *Los loores de Nuestra Señora.* Estudio y edi-
ción crítica de Brian Dutton. London, Tamesis
Books (c. 1975). (Tomo III de las *Obras com-
pletas* de Gonzalo de Berceo.)

Loores de Nuestra Señora en *Poesías de Gon-
zalo de Berceo.* Ed. de Florencio Janer. Ma-
drid, Atlas, 1952. (Poetas Castellanos anterio-
res al siglo xv, tomo 57 de la BAE.)

Milag.   *Los Milagros de Nuestra Señora.* Estudio y
edición crítica por Brian Dutton. London, Ta-
mesis Books (c. 1971). (Tomo II de las *Obras
completas* de Gonzalo de Berceo.)

Berceo. *Milagros de Nuestra Señora.* Edición,
prólogo y notas de Antonio G. Solalinde. Ma-
drid, Espasa-Calpe, 1968. (Clásicos Castella-
nos, n.º 44.)

Sacrif.   *El sacrificio de la Misa por Gonzalo de Berceo.*
Edición de Antonio G. Solalinde. Madrid, Re-
sidencia de estudiantes, 1913.

Del sacrificio de la Misa en *Poesías de Gonza-
lo de Berceo.* Ed. de Florencio Janer. Madrid,
Atlas, 1952. (Poetas Castellanos anteriores al
siglo xv, tomo 57 de la BAE.)

S. Dom.   *La vida de Santo Domingo de Silos de Gon-
zalo de Berceo.* Estudio y edición crítica de
Aldo Ruffinatto. Logroño, Instituto de Estu-
dios Riojanos, 1978. (Centro de Estudios
"Gonzalo de Berceo", n.º 3.)

La vida de Santo Domingo de Silos. Estudio y edición crítica por Brian Dutton. London, Tamesis Books (c. 1978). (Tomo IV de las *Obras completas* de Gonzalo de Berceo.)

Gonzalo de Berceo. *Vida de Santo Domingo de Silos.* Introducción, edición y notas de Germán Orduna. Salamanca, Anaya (c. 1968). (Biblioteca Anaya, n.° 86.)

Gonzalo de Berceo. *Vida de Santo Domingo de Silos.* Edición, introducción y notas de Teresa Labarta de Chaves. Madrid, Castalia (c. 1972). (Clásicos Castalia, n.° 49.)

S. Laur.   Gonzalo de Berceo. *Martirio de San Lorenzo.* Edizione critica a cura di Pompilio Tesauro. Liguori-Napoli, 1971. (Romanica Neapolitana, n.° 6.)

Martyrio de Sant Laurençio en *Poesías de Gonzalo de Berceo.* Ed. de Florencio Janer. Madrid, Atlas, 1952. (Poetas Castellanos anteriores al siglo xv, tomo 57 de la BAE.)

S. Mill.   Gonzalo de Berceo. *Estoria de San Millán.* Textkritische Edition von Gerhard Koberstein. Münster Westfalen (c. 1964).

Brian Dutton. *La Vida de San Millán de la Cogolla de Gonzalo de Berceo.* Estudio y edición crítica. London, Tamesis Books (c. 1967). (Colec. Tamesis, Serie A-Monografías, IV.)

S. Or.   Isabel Uría Maqua. *El Poema de Santa Oria de Gonzalo de Berceo.* Logroño, Instituto de Estudios Riojanos, 1976. (Centro de Estudios "Gonzalo de Berceo", n.° 1.)

Gonzalo de Berceo. *La vida de Santa Oria.* Introduzione e note a cura di Giovanna Maritano. Varese-Milano, Istituto Editoriale Cisalpino, 1964 (Biblioteca Hispánica).

Sig.   *Los signos del Juicio final.* Estudio y edición crítica de Brian Dutton. London, Tamesis Books (c. 1975). (Tomo III de las *Obras completas* de Gonzalo de Berceo.)

De los signos que aparesçeran ante del Juiçio en *Poesías de Gonzalo de Berceo*. Ed. de Florencio Janer. Madrid, Atlas, 1952. (Poetas Castellanos anteriores al siglo xv, tomo 57 de la BAE.)

S   Ms. 12 del archivo del Monasterio de Santo Domingo de Silos. Siglos xiii y xiv. Contiene, juntamente con la *Vita Beati Dominici* de Grimaldo (s. xiv) y los *Milagros romanzados* de Pedro Marín (s. xiv), la *Vida de Santo Domingo de Silos* de Gonzalo de Berceo (s. xiii). Ref.: Fray A. Andres. *Vida de Santo Domingo de Silos*. Edición crítico-paleográfica del Códice del siglo xiii. Madrid, 1958.

Q   Códice "in quarto". Siglo xiii (?). Perdido. Contenía poemas de Berceo. Perteneció al Monasterio de San Millán de la Cogolla. Algunos de sus poemas o partes de ellos nos han llegado a través de I.
       Ref.: *Nota Mecolaeta* y *Memorias* de Sarmiento.

F   Códice "in folio". Siglo xiv. Perdido en parte. Contenía poemas de Berceo. Perteneció al Monasterio de San Millán de la Cogolla. Se conservan dos porciones en la R.A.E., el Ms. 4 (= E) y el Ms. 4b (= A).
       Ref.: *Nota Mecolaeta* y *Memorias* de Sarmiento.

I   Códice o Manuscrito Ibarreta. Ms. 93 del archivo del Monasterio de Santo Domingo de Silos. Siglo xviii. Contiene poemas de Berceo. Copia unos poemas de Q y otros de F.

E   Ms. 4 de la Real Academia Española de la Lengua. Siglo xiv. Contiene la *Vida de Santo Domingo de Silos* de Berceo. Es una porción de F.
       Ref.: Marden, *Cuatro poemas*.

A   Ms. 4b de la Real Academia Española de la Lengua. Siglo XIV. Descubierto por Marden en dos porciones, A' y A". Contiene, incompletos, los *Milagros de Nuestra Señora*, la *Vida de Santa Oria* y la *Vida de San Millán*. Es una porción de F.

Ref.: Marden, *Cuatro poemas* y *Veintitrés milagros*.

Ms. 4 de la R.A.E. = E

Ms. 4b de la R.A.E. = A

G   Ms. 18577/16 de la Biblioteca Nacional de Madrid. Siglo XVIII. Contiene el *Poema de Santa Oria*, con el título "Leyenda de Sta. Oria por el monje de Silos".

Ref.: J. K. Walsh, "The missing segment in Berceo's *Vida de Santa Oria*". *La Corónica*, V, n.º 1 (1976), 30-34; y Uría, "Nuevos datos sobre el perdido folio CIX' del Códice F de los poemas de Berceo". *Berceo*, 93 (1977), 199-221.

DCELC   *Diccionario Crítico Etimológico de la Lengua Castellana,* por J. Corominas. Madrid, Gredos (c. 1954). 4 vols. (Biblioteca Románica Hispánica, V Diccionarios.)

PCG   *Primera Crónica General de España.* Publicada por Ramón Menéndez Pidal. Madrid, Gredos, 1955. 2 vols.

RAE   Real Academia Española de la Lengua.

NOTA PREVIA

E L texto base de esta edición es el del Ms. 4b de la
Real Academia Española. Para las c. 57-72, correspon-
dientes al fol. CV que falta en este manuscrito, se utiliza
el manuscrito Ibarreta.

NORMAS SEGUIDAS EN LA TRANSCRIPCIÓN

En la versión crítica del texto del poema se siguen las
normas siguientes:

1.°) Se modernizan algunas grafías y se prescinde de
otras que carecen de valor fonológico. Así:

a) /j/, /y/ (no conjunción), /v/, con valor de voca-
les, se transcriben: /i/, /u/; *mj* /mi/, *sy* /si/, *rey* /reï/,
vna /una/, etc.

b) /i/, /u/, con valor de consonantes, se transcriben:
/j/, /v/; *meiorasse* /mejorasse/, *auemos* /avemos/, etc.

c) Las consonantes dobles, como /cc/ y /ff/, se sim-
plifican: *peccado* /pecado/, *suffrir* /sufrir/, etc.

d) La consonante doble /nn/, con valor palatal, se
transcribe /ñ/; *njnna* /niña/, *Amunna* /Amuña/, etc.

e) Las variantes de *columna, colupna,* se transcriben
con la forma moderna /columna/.

f) La /n/ ante *p* y *b,* se transcribe /m/: *enparedada*
/emparedada/, etc.

g) Se transcriben con mayúscula todos los nombres
propios y ciertos sustantivos, como *Cielo, Majestat, Glorio-
sa,* etc.

2.º) Los demás fonemas y grafías se transcriben tal como se hallan en el manuscrito. Así, se respeta:

a) La doble /—ss—/ entre vocales: *essa* /essa/, *fuesse* /fuesse/, etc.

b) La /ç/, /sç/ y /z/: *vengança, nasçidas, dezimos,* etc.

c) La /j/, /y/ y /x/: *pujar* /pujar/, pero *puyada* /puyada/, *fija* /fija/, pero *dixo* /dixo/, etc.

d) El grupo /mn/: *omne* /omne/, etc.

e) Se transcriben las formas cultas y latinizantes, tal como se hallan en el texto; así, *Cathólicos, Christo, sancto, benedicta, baptizada, escripto, Spíritu, segunt, verdat,* etc.

3.º) En lo que se refiere a la escansión y acentuación de las palabras, se señala del modo siguiente:

a) Las palabras cuya escansión silábica es distinta que la actual llevan el signo de la diéresis (¨) en la vocal correspondiente: *rey* /reï/, *piadat* /pïadat/, *devoción* /devoçïón/, *diablo* /dïablo/, etc.

b) Asimismo, las palabras cuya acentuación no se corresponde con la actual, llevan acento en la vocal correspondiente: *auja* /avié/, *tenja* /tenié/, *ganariamos* /ganariémos/, etc.

4.º) Finalmente, se separan las palabras unidas, como *enla* /en la/; se unen las que están separadas, como *dixo li* /dixoli/, etc., y se puntúa según los usos modernos.

Advertencias al texto crítico

1.º) De acuerdo con las conclusiones resultantes del análisis de la secuencia del relato, el orden del texto que se presenta en la versión crítica es muy distinto del de los manuscritos, y esta diferencia va señalada por una doble numeración, correspondiendo los números romanos al orden que proponemos, y los arábigos, al que tiene el poema en los manuscritos. En cuanto a las lagunas que presenta el texto se señalan por una línea de puntos.

2.º) Asimismo, de acuerdo con las conclusiones a las que se llega en el análisis de la estructura del poema, en la versión crítica, cada una de las partes va encabezada con su nombre, y las transiciones entre unas y otras partes se señalan en nota a pie de página.

3.º) Todas aquellas voces, sintagmas, hemistiquios y versos que, de alguna manera, han sido manipulados por mí, aparecen en cursiva en el texto crítico.

4.º) El texto lleva dos clases de notas; a pie de página van las notas que comentan, o explican aquellas lecciones del texto que nos parece oportuno aclarar, o aportar datos sobre ellas; a continuación del texto van las notas del aparato crítico: la primera lectura, en cursiva, es la que proponemos, y remite al texto crítico; la segunda es la del manuscrito. Cuando la corrección alcanza a un verso entero, en la nota copiamos sólo la lección del manuscrito.

Por último, conviene señalar que, en 1976, el Instituto de Estudios Riojanos de Logroño me publicó una edición del *Poema de Santa Oria,* cuyo texto crítico es —salvo raras excepciones— igual al que aquí ofrezco. Sin embargo, los estudios que acompañan al texto son distintos en ambas publicaciones, como puede verse por el *Índice* de ambos libros. Así, en la publicación de Logroño se incluye un detenido estudio del Códice "in folio" (Ms. 4b, de la R.A.E.), y toda la argumentación en que se apoya el nuevo orden que he dado a las cuadernas, partes ambas que en esta publicación he resumido al máximo. En cambio, aquí, la edición crítica del poema se completa con notas aclaratorias al texto y un *Glosario* de las voces más raras o desusadas. Además, de acuerdo con las normas de la Colección Clásicos Castalia, el texto crítico va precedido de una *Introducción,* que comprende varios apartados, sobre Berceo y su obra, noticias históricas sobre Santa Oria y su culto, relación del poema romance con la fuente latina, etc., que no tiene la publicación de Logroño. Así, pues, ambas publicaciones, aun teniendo el mismo núcleo esencial, resultan distintas y al mismo tiempo se complementan entre sí.

I. U. M.
San Martín el Real de Torazo, septiembre, 1979

POEMA DE
SANTA ORIA

PRÓLOGO

I [1]

En el nombre del Padre   que nos quiso criar
e de don Jesu Christo   qui nos vino salvar
e del Spíritu Sancto,   lumbre de confortar,
de una sancta virgen   quiero versificar.

II [2]

Quiero en mi vegez,   maguer so ya cansado,
de esta sancta virgen   romançar su dictado;
que Dios por el su ruego   sea de mi pagado
e non quiera vengança   tomar del mi pecado.

1- La invocación a la Trinidad, a Dios Padre, o a la Virgen María, al comienzo del poema, es una fórmula introductoria o de encabezamiento que se encuentra en otras obras de Berceo y del mester culto del s. XIII; cfr. S. Dom., Sacrif., S. Laur., Loor., Duel., Fern. Gonz., etc... (Para las fórmulas introductivas y finales en Berceo, vid. Artiles, *Los recursos,* pp. 244-46. Para las fórmulas proemiales en general, vid. Curtius, *Literatura europea,* I, pp. 131-36.)

IIa- La referencia que hace el poeta a su vejez ha hecho pensar a todos los críticos que esta obra fue la última que compuso Berceo. (Para la cronología de las obras de Berceo, vid. Weber, *Notas;* Dutton, *A Chronology.)*

b- *Dictado,* «relato o historia escrito en latín», por oposición al romance, cfr. S. Mill. 262b: «Non la podrié contar nin *romanz* nin *dictado*»; también S. Or., VIIIb.

III [3]
Luego en el comienço   e en la primería,
a ella merçet pido,   ella sea mi guía;
ruegue a la Gloriosa,   Madre Sancta María,
que sea nuestra guarda   de noche e de día.

IV [9]
Bien es que vos digamos   luego, en la entrada,
qual nombre li pusieron   quando fue baptizada,
como era preçiosa   más que piedra preçiada,
nombre *avié* de oro,   Oria era llamada.

V [8]
Como *diz* del apostol   Sant Pablo la lectión,
fue esta sancta virgen,   vaso de *electión,*
ca puso Dios en ella   complida bendiçión
e vido en los Çielos   mucha grant visïón.

VI [203]
Qui en esto dubdare   que nos versificamos,
que non es esta cosa   tal como nos contamos,
pecará duramente   en Dios que adoramos,
ca nos quanto dezimos   escripto lo fallamos.

IIIa- *Luego, en el comienzo,* «aquí, en el c.». En estas locu-
ciones *luego* conserva su valor locativo etimológico (DCELC, s.v.
Lugar); lo mismo ocurre en IVa y en XCIXc. Las demás veces
que ocurre *luego* en el poema tiene el valor temporal de «al
punto», «inmediatamente», «pronto», etc...

IVcd- Obsérvense las paronomasias *preçiosa-piedra-preçiada* y
oro-Oria. La perífrasis que emplea Berceo para darnos el nombre
de la Santa y encarecer su belleza está en la línea de la *inter-
pretatio,* que es una manera de la *amplificatio.* Una forma par-
ticular de la *interpretatio* consiste en explotar la etimología, su-
puesta o verdadera, del nombre propio, en relación con las cua-
lidades de la persona que lo lleva, tal como hace Berceo con el
nombre de Oria<AUREA. (Vid. Faral, *Les arts poétiques,* pp.
65-67.)

VId- *Dezimos,* presente actual —no habitual o generalizador—,
limitado temporal y espacialmente al *Poema de Santa Oria,* como
se deduce de VIIa. Berceo se refiere no sólo a lo que está di-
ciendo o acaba de decir, sino también a lo que dirá a continua-
ción, es decir, al relato de la vida de la Santa, ya que el Presente,

VII [204]

El qui lo escrivió	non *dirié* falsedat,
que omne bueno era	de muy grant sanctidat;
bien conosció a Oria,	sopo su poridat,
en todo quanto dixo,	dixo toda verdat.

VIII [5]

Muño era su nombre,	omne fue bien letrado,
sopo bien su fazienda,	él fizo el dictado;
aviégelo la madre	todo bien razonado,
que non *querrié* mentir	por un rico condado.

IX [205]

Dello sopo de Oria,	de la madre lo ál,
de ambas era elli	maestro muy leal.
Dios nos dé la su graçia	*el Reï* Spirital
que allá nin aquí	nunca veamos mal.

---

como es sabido, abarca una extensión de tiempo en la que entra una parte de futuro y otra de pasado.

VIIc- *Sopo su poridat,* «conoció su vida interior».

VIIIb- *Sopo bien su fazienda,* «faena, trabajo», del lat. FA-CIENDA, «cosas por hacer», neutro plural part. fut. pas. de FACERE, (DCELC, s.v. Hacer). *Dictado,* vid. IIb.

c- *Razonado,* «relatado, contado», vid. la nota siguiente.

IXa- *Dello,* «de ello», «una parte», esto es, «la vida interior», cfr. VIIc., *Lo ál,* «lo demás»; es decir, los datos biográficos de Oria (nacimiento, infancia, educación, etc...) fueron relatados por la madre, cfr. VIIIc. Obsérvese la fuerte conexión, semántica y formal, de estas tres cuadernas (VII, VIII, IX), en las que Berceo nos presenta a Munio, el hagiógrafo de la Santa, y nos informa de cómo aquél recogió directamente de Oria y de su madre todos los datos para escribir el *dictado.* Así, en el plano del contenido, las tres cuadernas quedan unidas por el doble motivo que desarrollan: 1.º la autoridad y veracidad de Munio, reiterada en VIIabd, VIIIabd y IXb; 2.º los sujetos que le informan: Oria, en VIIc y su madre, en VIIIc, mientras que en IXa Berceo recapitula y resume las dos fuentes informativas, con un magistral equilibrio rítmico y expresivo, dedicando a cada una un hemistiquio: *Dello sopo de Oria, de la madre lo ál.* (Para más detalles sobre la conexión de estas tres cuadernas y su lugar en el poema, vid. Uría, *El Poema,* pp. 87-93.)

cd- Invocación formularia para cerrar un poema, o una parte de él, como en este caso. Análoga fórmula invocatoria se encuen-

x [10]
Avemos en el prólogo   *nos mucho* detardado,
sigamos la estoria,   esto es aguisado;
los dias son non grandes,   anochezrá privado,
escrivir en tiniebra   es un mester pesado.

INTRODUCCIÓN

xi [4]
Essa virgen preçiosa   de quien fablar solemos
fue de Villa Vellayo,   segunt lo que leemos;
Amuña fue su madre, escripto lo tenemos,
Garçía fue el padre,   en letra lo avemos.

---

tra en CLXXXVIcd, para cerrar el episodio de la muerte de
Oria y pasar al Epílogo; cfr. también S. Dom., 486cd, en donde
Berceo emplea una fórmula similar para cerrar el relato de la
vida del Santo, antes de pasar a contar su muerte. (Para las
fórmulas de conclusión en la Edad Media, vid. Curtius, *Litera-
tura europea,* I, pp. 136-39.)

xcd- El sentido de estos versos ha sido distintamente inter-
pretado. Para Curtius *(Literatura europea,* I, pp. 137-39), repre-
sentan una variante del antiguo tópico retórico para concluir
un discurso (o una obra), alegando la llegada de la noche, o la
falta de luz. D. Alonso *(Berceo y los topoi,* pp. 74-85), los inter-
preta en un sentido realista, de valor referencial. Guillén *(Len-
guaje,* p. 12) y Ricard *(Notes,* pp. 2-3) les atribuyen un valor sim-
bólico, alusivo a la vejez y próxima muerte del poeta. Creemos
—siguiendo a Curtius—, que se trata de versos formularios,
herederos del antiguo tópico de conclusión, que Berceo utiliza
para señalar el paso del *prólogo* a la *estoria.* (Trato más por ex-
tenso esta cuestión en *El Poema,* pp. 125-27.)

xia- *Solemos.* El verbo Soler tiene aquí un valor de simple
auxiliar y está totalmente gramaticalizado; por tanto, la perífrasis
de quien fablar solemos significa simplemente «de quien estamos
hablando», «de quien me ocupo aquí, en este poema», siendo
estamos un plural de cortesía muy usado por Berceo; cfr. Xab.
(Vid. Uría, *Sobre la gramaticalización,* en donde, a más de éste,
presento otros muchos casos en los que Soler ha perdido su dé-
bil semantismo y funciona como un simple morfema para indicar
el tiempo, el número y la persona que no tiene el Infinitivo.)

b- *Villa Vellayo.* Vid. la nota 15 de la Introducción. Con res-
pecto a su etimología, Alarcos Llorach *(Apuntaciones)* sugiere que

XII [11]
Fue de Villa Velayo   Amuña natural,
el su marido sancto,   Garçía, otro tal;
siempre en bien punaron,   partiéronse de mal,
cobdiçiavan la graçia   del Reï Çelestial.

XIII [12]
Omnes eran cathólicos,   *vivién* vida derecha,
davan a los señores   a *cascuno* su pecha,
non fallava en ellos   el dïablo retrecha,
el que todas sazones   a los buenos asecha.

XIV [13]
Nunca *querién* sus carnes   mantener a gran viçio,
ponién toda femençia   en fer a Dios serviçio,
esso *avién* por pascua   e por muy grant deliçio,
a Dios *ponién* delante   en todo su ofiçio.

---

acaso proceda de Villa Pelagiu. En el Apeo de las heredades
(de la Cofradía) de Santa Oria, hecho el año 1766, se lee: «En
Cuesta Vilayo otro pedazo trigal...» *(Libro de Cuentas de la Co-
fradía de Santa Aurea.)* No creemos que la forma con /i/ se
deba a un simple *lapsus,* pues actualmente a los vecinos del
lugar se les llama *los vilayos* y, según Goicoechea, existe también
el adjetivo vilayo-a *(Vocabulario Riojano,* s.v. Vilayo). Por otra
parte, en dos documentos asturianos de los años 978 y 1028 *(Co-
lección Diplomática,* núms. 19 y 29) se encuentra *Viliagio,* como
topónimo; en el primero unido a un onomástico, *Johannes Iohan-
niz de Viliagio,* y en el segundo para nombrar una villa, *Villa
quod vocita Viliagio.* Es posible, por tanto, que la base etimológica
sea *Viliagio,* como antropónimo que dio nombre en época romana,
o romano-visigótica, a una villa, repoblada después de la invasión
árabe, como lugar dependiente de una población próxima. Esto
explicaría que el mismo pueblo *Villa Vellayo,* se cite en el poema
con la forma *Varrio de Vellayo* (LIXb), que nos indica que di-
cho lugar era una dependencia de otra población (DCELC, s.v.
Barrio). Comp. *El barrio de Verceo, Madriz li yaz present* (S. Mill.,
3c), donde *Verceo* ha de entenderse como lugar dependiente de
Madriz, probablemente, en lo antiguo, más importante que *Ver-
ceo,* y de ahí su uso como punto de referencia.

    XIIIc- *Retrecha,* «falta», «pecado», lat. RETRACTAM *(Tenta-
tive Dictionary).* (Para otros posibles significados y procedencia,
vid. Lida, *Notas,* pp. 26-27.)

xv [14]
Rogavan a Dios siempre   de firme coraçón,
que lis quisiesse dar   alguna criazón,
que fues al su serviçio,   *que pora otri non,*
e siempre mejorasse   esta devoцïón.

xvi [15]
Si lis dio otros fijos   non lo *diz* la leyenda,
mas diolis una fija   de spiritual fazienda,
que ovo con su carne   baraja e contienda,
por consentir al cuerpo   nunca soltó la rienda.

xvii [7]
Sanctos fueron sin dubda   e justos los parientes
que fueron de tal fija   engendrar meresçientes:
de niñez fazié ella   fechos muy convenientes,
sedién marabilladas   ende todas las gentes.

xviii [16]
Apriso las costumbres   de los buenos parientes,
quanto li castigavan   *ponié* en ello mientes,
con ambos sus labriellos   apretava sus dientes,
que non salliessen dende   *vierbos* desconvenientes.

xvib- *Spiritual fazienda,* «bienes espirituales», lat. FACIEN-
DA, «cosas por hacer», «ocupación», «asuntos»; plural neutro
del part. fut. pas de FACERE. De la acep. «asuntos» se pasó
a «bienes», «riquezas», etc. (DCELC, s.v. Hacer).
xviiab- Obsérvese que los violentos hipérbatos, al generar pe-
queñas pausas sintácticas, dividen el verso en unidades rítmico-
melódicas mínimas.
xviiib- *Quanto li castigavan,* «luego que la enseñaban»;
Quanto tiene aquí valor temporal, equivalente a «en cuanto»,
«luego que», «al punto», lo mismo que en CLXVIIa; cfr. tam-
bién S. Laur., 73a, Milag., 790b, etc... (Vid. Lope Blanch, *La
expresión temporal.*) No se trata, pues, de una confusión con
quando, como señala Lanchetas *(Gramática,* s.v. Quanto).

xix [20]
Desque mudó los dientes,　　luego a pocos años,
pagávase muy poco　　de los seglares paños;
vistió otros vestidos　　de los monges calaños,
podrién pocos dineros　　*valer los sus peaños.*

xx [21]
Desemparó el mundo　　Oria, toca negrada,
en un rencón angosto　　entró emparedada,
sufrié grant astinençia,　　*vivié* vida lazrada,
por *ond* ganó en cabo　　de Dios rica soldada.

xxi [17]
Quiso seer la madre　　de más áspera vida,
entró emparedada,　　de çeliçio vestida,
martiriava sus carnes　　a la mayor medida,
que non fuesse la alma　　del dïablo vençida.

xxii [18]
Si ante fuera buena　　fue después muy mejor,
plazié el su serviçio　　a Dios Nuestro Señor,
los pueblos de la tierra　　*faziénli* grant honor,
salié a luengas tierras　　la su buena loor.

xixc- *De los monges calaños,* «iguales, semejantes a los de
los monjes». El hipérbaton hace un poco oscuro el sentido.

d- *Peaños,* «calzado», «zapatos»; deriv. del lat. PES-PEDIS
(vid. Lapesa, *Notas,* p. 113).

xxa- *Toca negrada,* «hábito de los monjes negros». Que usa-
ba hábito se comprueba por CLXXXIIb.

b- *Emparedada.* En la Edad Media las mujeres que se retira-
ban a vivir en una celda *(rencón angosto),* bajo la protección
y la regla de un monasterio, recibían el nombre de «empareda-
das o reclusas», cfr. XXVa.

c- *Vida lazrada,* «vida de sacrificio», «de penitente». (Sobre
el origen de *Lazrar* y de sus variantes y derivados, vid. el amplio
estudio de Malkiel, *La familia léxica.)*

xxid- *Que non fuesse,* «para que no fuese».

XXIII [19]
Dexemos de la madre,   en la fija tornemos,
essas laudes tengamos   cuyas bodas comemos;
si nos cantar sopiéremos   grant materia tenemos,
menester nos será   todo *sen* que avemos.

XXIV [6]
De suso la nombramos,   acordarvos podedes,
emparedada era,   *yazié* entre paredes,
avié vida lazrada   qual entender podedes,
si su vida leyerdes   assí lo probaredes.

XXV [22]
Era esta reclusa   vaso de caridat,
templo de paçiença   e de *humilidat,*
non amava palabras   oir de vanidat,
luz era e confuerto   de la su vezindat.

xxiiia- *Dexemos... tornemos.* Es la fórmula habitual en Ber-
ceo, común al mester de clerecía, para retomar el hilo del relato,
interrumpido por cualquier clase de digresión, o simplemente
para contar dos acciones que se dan simultáneas en el tiempo,
cfr. para este último caso, S. Dom., 113ac *(Dexemos* al bon om-
ne folgar en su posada /.../ Demos al monesterio de Samillan
tornada); también, S. Or., XCIa.
    b- El sentido de este verso, en relación con el anterior, cree-
mos que es: «hablemos de quien nos proporciona, con su vida
ejemplar, ocasión para escribir el poema». *Bodas,* «comida que
se daba a los pobres por el alma de un difunto o por devoción
de un santo» (vid. Lida, *Notas,* p. 20).
    xxiva- *De suso la nombramos.* Es claro que el poeta se refiere
a la c. XX, cuyos versos b y c se repiten en XXIVbc, como un
eco o resonancia de aquéllos. Por tanto, el orden lógico exige
que la c. (21) XX preceda a la c. (6) XXIV. (Vid. Uría, *El Poe-
ma,* pp. 82-84, donde trato más por extenso el orden de estas
cuartetas.)

XXVI [23]

Por que angosta era   la emparedaçión,
teniéla por muy larga   el su buen coraçón;
siempre rezava psalmos   e *fazié* oraçión,
foradava los Çielos   la su devoçïón.

XXVII [24]

Tanto fue Dios pagado   de las sus oraçiones
que li mostró en Çielo   tan grandes visïones
que *devién* a los omnes   cambiar los coraçones;
non las *podrién* contar   palabras nin sermones.

Primera Visión

XXVIII [25]

Terçera noche era   después de Navidat,
de Sancta Eügenia   era festividat,
vido de visïones   una infinidat,
onde *parez* que era   plena de sanctidat.

xxvia- *Por que angosta era*, «aunque angosta era»; *Por que*
vale «pero que», «aunque».

d- Imagen hiperbólica para encarecer el fervor de Oria.

xxviid- Tópico de «lo indecible» para encarecer las visiones.
Esta cuaderna sirve de transición; con ella se cierra una etapa de
la vida de Oria y, al mismo tiempo, se preludia la segunda fase,
que podemos llamar maravillosa o sobrenatural. El pretérito
mostró del v. b tiene, por tanto, un valor inceptivo, introductorio
al relato de las visiones, que se inician en la cuaderna siguiente.

xxviiib- *Santa Eugenia.* Virgen-mártir romana del tiempo del
emperador Cómodo. El calendario romano celebra su fiesta el
25 de diciembre, día de su muerte, pero en la liturgia mozárabe
se celebraba el día 27 de dicho mes, que es la fecha que nos
da el poema. *(Pasionario Hispánico,* I, pp. 176 y 296, y II, pp.
83-98.)

XXIX [26]
Después de las matinas,   leída la lectión,
escuchóla bien Oria   con grant devoçión,
quiso dormir un poco,   tomar consolaçión,
vido en poca hora   una grant visïón.

XXX [27]
Vido tres sanctas vírgines   de grant auctoridat,
todas tres fueron mártires   en poquiella edat;
Agatha en Cataña,   essa rica ciudat,
Olalia en Melérida,   niña de grant beldat.

XXXI [28]
Çeçilia fue terçera   una mártir preçiosa,
que de don Jesu Christo   quiso seer esposa,
non quiso otra suegra   sinon la Glorïosa,
que fue *mucho más* bella   que nin lilio nin rosa.

XXXII [29]
Todas estas tres vírgines   que avedes oídas,
todas eran eguales   de un color bestidas,

xxixb- Este verso es un paréntesis, un comentario del poeta,
que interrumpe la secuencia lineal del período, al dilatar la apa-
rición del sintagma *quiso dormir* que debería seguir al v.a.

xxxc- *Agatha*, «Santa Agata o Agueda», virgen-mártir de Si-
cilia, en la época del emperador Dacio. Su *Pasión* no fue cono-
cida en España hasta el siglo IX. La liturgia mozárabe conmemo-
raba su aniversario el día 5 de febrero. (*Pasionario Hispánico*, I,
pp. 184 y 296, y II, pp. 220-26.)

d- *Olalia*, «Santa Eulalia de Mérida». No se registra la for-
ma *Melérida* en ninguno de los vocabularios medievales que he-
mos consultado. En la P.C.G. (ed. Menéndez Pidal) se registra
17 veces esta ciudad, siempre en la forma Mérida. Tal vez la
lección originaria fuese «Emérita», dado el gusto de Berceo por
las formas latinizantes.

xxxia- *Çeçilia*. Virgen-mártir romana. Su *Pasión* fue conocida
en España desde el siglo IX, por lo menos. La liturgia mozárabe
conmemoraba su fiesta el día 22 de noviembre. (*Pasionario His-
pánico*, I, pp. 174 y 296, y II, pp. 25-40.)

xxxiib- Lida (*Notas* pp. 24-25) corrige el 2.° hemist.: *duna
color bestidas*, con género femenino. De todas maneras, el sus-

```
Enel nonbre del padre: q̃ nos q̃so criar
Et de don ihu xp̃o: q̃ nos ouo saluar
E del spũ sc̃o lunbre: de confortar
De vna sc̃a uigen: q̃ero uisitar

Pero en mj uegez: maguer lo ya alcar
De esta sc̃a uigen: romãçar su uidar
Que dios por el su ruego: sea de mj pagur
E non sera uenganca: tomar del mj pecar

uego enel comjenço: e enla primeria
ella merçee pido: ella sea mj guia
uegue ala ghsla: madre sancta maria
ue sea nr̃a guarda: de nochie e de dia

Esta uirgen preciosa: de qen fablar solemos
ue de njlla uelléj: segun lo que leemos
la munna fue su madre: escripto lo tenemos
Garçia fue el padre: en letra lo auemos

Munno era su nonbre: ome fue bien letrado
Sopo bien su fazienda: al fijo el riation
la gelo la madre: que bien razonado
E non querria mentir: por un rico condado

De suso la nonbramos: acordar nos podemos
En parecada era: yazia entre paredes
la uja uida lazrada: al entender puedes
Sy su uida leyeredes: ally lo prouaredes

Sanados fueron sin dubda: e iustos los parientes
ue fueron de Castilla: engendrar mesacentes
De njuees: fazia ella: fechos muy conuenjentes
Estauan marauillados: entre todas las gentes

Como dixe del apostol Sant pablo la leçion
ue esta sc̃a uigen: uaso de oraçion
a puso dios en ella: cumplida bendicion
uiuio enlos gelos: mucha grant mission
```

S.Or., c 1-8
Ms. 4b de la R.A.E. (fol. CIv)

Villavelayo

Fue de Villa Vellayo,   segunt lo que leemos;
S.Or., XIb

semejava que eran   en un día nasçidas,
luzién como estrellas,   *tant* eran de bellidas.

XXXIII [30]
Estas tres sanctas vírgines   en Çielo coronadas,
tenién sendas palombas   en sus manos alçadas,
más blancas que las nieves   que non son coçeadas,
paresçié que non fueran   en palombar criadas.

XXXIV [31]
La niña que *yazié*   en paredes çerrada,
con esta visïón   fue mucho embargada,
pero del *Sancto Spíritu*   fue luego conortada,
demandólis qui eran   e fue bien aforçada.

XXXV [32]
Fabláronli las vírgines   de fermosa manera,
Agatha e *Olalia,*   Çeçilia la terçera:
«Oria, por ti tomamos   esta tan grant carrera;
sepas bien que te tengas   por nuestra compañera.

---

tantivo *color,* en la Edad Media, particularmente en Berceo, era
unas veces masculino, otras femenino; vid. Ruffinatto, *La lingua,*
pp. 99-101; DCELC. s. v. Color.

XXXIIIc- *Coçeadas,* de cocear, deriv. de coz. Aunque cocear
significó también «pisar», «hollar», creemos que el poeta quiso
realzar la blancura de las palomas contrastándola con la de las
nieves *no coçeadas,* imagen que lleva implícita la visión del es-
tado positivo y negativo de las nieves, destacando por encima
de ambos la blancura de las palomas. Nótese que el poeta pudo
haber dicho: «Más blancas que las nieves *que non fueron pisa-
das».* (Para el sentido de esta imagen, vid. Guillén, *Lenguaje,*
pp. 16-17.)

XXXIIId- El comentario del poeta, en este verso, subraya el
carácter sobrenatural de las palomas. El simbolismo de la paloma
se remonta a los primeros siglos del cristianismo, y se utilizó muy
especialmente como emblema típico de la muerte de una virgen-
mártir. (Vid. Walsh, *A Possible Source,* pp. 304-5, y Perry, *Art
and Meaning,* p. 96, quienes tratan el valor simbólico de la pa-
loma en este pasaje del poema; vid. también Patch, *El otro mun-
do,* p. 119.)

XXXVI [33]
Combidarte venimos,   *Oria, nuestra hermana,*
envíanos don Christo,   de quien todo bien mana,
que subas a los Çielos   e que veas que gana
el serviçio que fazes   e la saya de lana.

XXXVII [34]
Tú mucho te deleitas   en las nuestras passiones,
de amor e de grado   leyes nuestras razones,
queremos que entiendas   entre las visïones,
qual gloria reçibiemos   e quales galardones».

XXXVIII [35]
Respondió la reclusa   que *avié* nombre Oria:
«Yo non sería digna   de veer tan grant gloria.
Mas si me reçibiessedes   vos en vuestra memoria,
allá *serié* complida   toda la mi estoria.»

XXXVIc- *Que subas,* «para que subas», cfr. XXId. *Qué gana,*
«lo que gana», *qué* es pronombre interr., compl. dirc. de *gana.*
Nótese el encabalgamiento —raro en Berceo— entre este verso
y el siguiente que contiene los sujetos *servicio* y *saya.*

XXXVIIa- *Passiones,* «Actas o relatos de la Pasión o Martirio
de un Santo o Santa». Los *Pasionarios* (colección ordenada cro-
nológicamente de las singulares *Pasiones),* tenían un carácter esen-
cialmente litúrgico, y se leían en la Iglesia en el oficio nocturno,
o a veces en la Misa que conmemoraba el aniversario del már-
tir en cuestión. Se distinguían de los *Legendarios* en que éstos
sólo contenían relatos de vidas y milagros de abades, obispos,
monjes, etc., no mártires, y no estaban destinados a la lectura
litúrgica, sino simplemente piadosa *(Pasionario Hispánico,* pp. 12-
13).

b- *Leyes nuestras razones,* «lees nuestros relatos». Nótese que
el poeta emplea aquí *leer,* en tanto que, en el v. a sólo dice *te
deleitas;* Oria se deleita en el Oficio y en la Misa, oyendo la
lectura litúrgica correspondiente a las mártires, y *lee* con gusto
(de amor e de grado) los relatos o historias piadosas sobre ellas.
Quedan así bien señalados los diferentes usos del *Pasionario* y el
Legendario.

c- *Entre las visïones,* «durante», «a través de las visiones»;
lat. INTER, «entre», «en», «durante», etc...

XXXIX [36]

«Fija, dixo Ollalia,   tú tal cosa non digas,
ca as sobre los Çielos,   amigos e amigas;
assí mandas tu carnes   e assí las aguisas
que por *sobir los Çielos*   tú digna te predigas.

XL [37]

Resçibe *est* consejo,   la mi fija querida,
guarda esta palomba,   todo lo ál olvida,
tú ve do ella fuere,   *non serás* deçebida,
guíate por nos, fija,   ca Christus te combida».

XLI [38]

Oyendo *est* consejo   que Ollalia li dava,
alçó Oria los ojos   *arriba ond* estava,
vido una columna,   a los Çielos pujava,
tant era de enfiesta   que avés la catava.

XXXIXc- Como la rima de esta cuaderna es en -igas, Lida *(Notas,* p. 30) propone la voz *aguijas* de significado más concreto; pero como quiera que la rima sigue siendo imperfecta, supone que Berceo pudo escribir *ajigas* (con rima perfecta), por metátesis de las consonantes. Dutton *(Reseña)* afirma que la lectura correcta es *castigas.* Ambas soluciones son, sin duda, posibles. La de M.ª Rosa Lida está perfectamente razonada y acompañada de ejemplos que la avalan. La de B. Dutton tiene el atractivo de que aportaría un ejemplo del significado *castigar* «punir», todavía escasamente documentado en el siglo XIII; Corominas (DCELC s. v. Castigar) no registra ningún ejemplo concreto. Sin embargo, teniendo en cuenta que la voz *aguisas* es muy frecuente en Berceo y en el mester culto del siglo XIII, y que su significado va bien al sentido del contexto, y que, por otra parte, un estudio de las rimas de Berceo demuestra la relativa frecuencia de rimas imperfectas (cfr., sólo en S. Or. XXXVII, XCIX, CXIV, XCV, CXLI), preferimos conservar la lección *aguisas* del manuscrito.

XLIc- Los elementos que componen las escenas de la columna y el árbol (XLI-XLVIII) pertenecen a la rica tradición de descripciones del Paraíso; la columna representa la altísima montaña sobre la que, en la mayoría de estas descripciones, se extiende el jardín del Edén, con algo del Cielo y algo de la tierra; la escala se encuentra en varias visiones, particularmente en la del monje Eynsham, en la que los escalones están unidos a una altísima montaña; las palomas sirviendo de guías están también presentes

XLII [39]
Avié en la columna   escalones e gradas,
veer solemos tales   en las torres obradas,
yo sobí por algunas,   esto muchas vegadas,
por tal suben las almas   que son aventuradas.

XLIII [42]
Quando *durmié* Jacob   çerca de la carrera,
vido subir los ángeles   por una escalera,
aquesta reluzía,   ca obra de Dios era,
estonz perdió la pierna   en essa lit vezera.

XLIV [40]
Moviósse la *palomba,*   començó de volar,
suso contra los Çielos   començó de pujar,
catávala don Oria   dónde *irié* posar,
non la *podié* por nada   de voluntat sacar.

XLV [41]
Empeçaron las vírgines   lazradas a sobir,
empeçólas la dueña   reclusa a seguir;
quando *cató don Oria*   Dios lo quiso complir,
fue puyada en somo   por verdat vos dezir.

---

en diversas visiones; el Arbol no es otro que el Arbol de la
Vida, a cuya sombra todo mal desaparece y cuyas ramas casi
alcanzan el Cielo. Son, en suma, elementos profusamente utili-
zados desde los primeros siglos del cristianismo, para componer
una imagen del Paraíso. (Vid. Patch, *El otro mundo.)*
    XLIII Aquí se confunden dos episodios distintos de la vida de
Jacob: el sueño de la escala que sube al Cielo (versos a, b, c) y
la lucha que sostuvo con el ángel, en la que perdió la articula-
ción de la pierna (v.d); *lit vezera* es lucha con vicisitudes, con
alternativas, pues, en la pelea, la victoria se inclinaba unas veces
del lado del ángel y otras a favor de Jacob. (Vid. Sánchez Rui-
pérez, *Un pasaje de Berceo,* pp. 382-4.) (Para el orden de las
cuadernas XLIII a XLV, vid. Uría, *El Poema,* pp. 102-3; Lida,
Notas, p. 23.)
    XLIVb- *Suso, contra los Cielos,* «arriba, hacia los Cielos».
    d- Oria no podía apartar la paloma de su interés; es decir,
no dejaba de mirar su vuelo, obediente al consejo de Eulalia,
en XLb.

XLVI [43]
Ya eran, Deo graçias,   las vírgines ribadas,
eran de la columna   en somo aplanadas,
vidieron un buen árbol,   çimas bien compassadas,
que de diversas flores   estavan bien pobladas.

XLVII [44]
Verde era el ramo,   de fojas bien cargado,
fazié sombra sabrosa   e logar muy temprado,
tenié redor el tronco   marabilloso prado,
más *valié* esso solo   que un rico regnado.

XLVIII [45]
Estas quatro donzellas,   ligeras más que biento,
obieron con *est* árbol   plazer e pagamiento,
subieron en él todas,   todas de buen taliento,
abién en él folgura,   en él grant complimiento.

XLIX [46]
Estando en el árbol   estas dueñas contadas,
sus palomas en manos,   alegres e pagadas,
vidieron en el Çielo   finiestras foradadas,
lumbres *salién* por ellas,   *de dur serién* contadas.

L [47]
Salieron tres personas   por essas averturas,
cosas eran angélicas,   con blancas vestiduras,
sendas vergas en mano   de preçiosas pinturas,
vinieron contra ellas   en humanas figuras.

LI [48]
Tomaron estas vírgines   estos sanctos barones,
como a sendas péñolas   en aquellos bordones,
pusiéronlas más altas,   en otras regïones,
allá vidieron muchas   honradas proçessiones.

LII [49]
Don Oria la reclusa,   de Dios mucho amada,
como la ovo ante   Olalia castigada,
catando la palomba,   como bien acordada,
subió en pos las otras   a essa grant posada.

LIII [50]

Puyava a los Çielos   sin ayuda ninguna,
non li *fazié* embargo   nin el sol nin la luna,
a Dios *avié* pagado   por manera alguna,
si non, non *subrié* tanto   la fija de Amuña.

LIV [51]

Entraron por el Çielo   que avierto estava,
alegróse con ellas   la *cort* que y morava,
plógolis con la quarta   que las tres aguardava,
por essa serraniella   menos non se preçiava.

LV [52]

Aparesçiólis luego   una muy grant compaña,
en bestiduras albas,   fermosas por fazaña,
semejóli a Oria   una cosa extraña,
ca nunca vido cosa   *de aquesta calaña.*

LVI [53]

Preguntó a las otras   la de Villa Velayo:
«Dezitme, ¿Qué es esto,   por Dios e Sant Pelayo?
en el mi coraçón   una grant dubda trayo,
mejor paresçen estos   que las flores de mayo».

LVII [54]

Dixiéronli las otras: «Oye, fija querida,
calonges fueron éstos,   omnes de sancta vida,
tovieron en el mundo   la carne apremida,
agora son en Gloria,   en letiçia complida».

LVIII [55]

Conosçió la *reclusa*   buenos quatro barones,
los que nunca vidiera   en ningunas sazones,
Bartolomeo, ducho   de escribir passiones,
Don Gomez de Massiella   que dava bien raçiones.

LVIIIc- No hemos podido identificar a este *Bartolomeo*, que,
en el poema, se califica de hagiógrafo experto.
d- *Massiella,* «Mansilla de la Sierra». Pueblo riojano de la
provincia de Logroño, próximo a Villavelayo. *Que daba bien
raçiones,* el contexto admite cualquiera de estas acepciones: *a)*

LIX [56]
Don Xemeno terçero,   un vezino leal,
del varrio de Vellayo   fue ésti natural,
Galindo, su criado,   qual él bien otro tal,
que sopo de bien mucho   e *sabié* poco mal.

LX [57]
Fueron más adelante   en essa romería,
las mártires delante,   la freira en su guía,
aparesçiólis otra,   asaz grant compañía,
de la de los calonges   *avié* grant mejoría.

LXI [58]
Todos *vestién* casullas   de preçiosos colores,
blagos en las siniestras,   como predicadores,
cáliçes *en las diestras,*   de oro muy mejores,
semejavan ministros   de preçiosos señores.

LXII [59]
Demandó la serrana   qué eran esta cosa:
«¿Qué proçessión es ésta,   tan *grant* e tan preçiosa?»
Dixiéronli las mártires   respuesta muy sabrosa:
«Obispos fueron éstos,   sierbos de la Gloriosa,

LXIII [60]
Porque daban al pueblo   bever de buen castigo,
por *end* tienen los cáliçes   cada uno consigo,
refirién con los cuentos   al mortal enemigo,
que engañó a Eva   con un astroso figo».

---

el que daba las raciones o prebendas en una Iglesia catedral o
colegial; *b)* el que distribuía las raciones en una comunidad, en
cuyo caso sería un monje de San Millán, o de otro monasterio.

LIX *Don Xemeno* y *Galindo.* Estos nombres ocurren en docu-
mentos de San Millán y Valvanera de la primera mitad del si-
glo XI, referidos a monjes; pero nos faltan datos y rasgos sufi-
cientes para determinar a cuáles de estos monjes se refiere el
poema. *Del varrio de Vellayo,* vid. nota a XIb.

LXb- *La freira en su guía,* «en su dirección», «tras ellas».

LXIIIc- *Refirién con los cuentos,* «rechazaban al diablo con los
báculos». *Referir* lat. v. REFERITARE, frecuentativo de REFE-
RRE, «replicar«, «rechazar». *Cuento,* lat. CONTUS, «pértiga»,
«fuste de lanza», etc.

LXIV [61]

Conosçió la reclusa   en essa proçessión,
al obispo don Sancho,   un precioso varón,
con él a don García,   su leal compañón,
que sirvió a don Christo   de firme coraçón.

... ...

LXV [62]

Dixiéronli las mártires   a Oria la serrana:
«El obispo don Gomez   non es aquí hermana,
pero que traxo mitra   fue cosa *mucho* llana,
tal fue como el árbol   que florez e non grana».

LXVI [63]

Visto este convento,   esta sancta mesnada,
fue a otra comarca   esta freira levada,
el coro de las vírgines,   proçessión tan honrada,
salieron resçivirla   de voluntat pagada.

LXIVb- *Don Sancho.* Abad de San Millán desde 1026 (ó 1028)
a 1046, al mismo tiempo que fue obispo de Nájera, gobernando
también durante algunos años la diócesis de Pamplona.

c- *Don García.* Abad de San Millán desde 1036, siendo, en
1037, nombrado obispo de Alava, en donde permaneció hasta
su muerte, en 1056. (Para ambos obispos, vid. Peña, *Glosas,*
p. 378, y Dutton, *Berceo's Bad Bishop,* pp. 95-102.)

La línea de puntos indica la falta de una o más cuadernas,
pues la LXV contiene una respuesta de las Vírgenes que implica
una previa pregunta de Oria.

LXVb- *Don Gómez.* Abad de San Millán desde 1037 a 1046,
en que se le nombra obispo de Nájera y Calahorra, cargo que
ocupó hasta su muerte, en 1067. Don Gómez convivió en San
Millán con Sto. Domingo de Silos, entonces Prior de aquel mo-
nasterio. El fue quien le destituyó de su priorato y le hizo salir
de San Millán para satisfacer al ambicioso rey Don García,
amigo y protector suyo (cfr. S. Dom., c. 167-170); de ahí que el
poeta lo califique despectivamente. (Vid. Peña, *Glosas,* pp. 377-80;
Dutton, *Berceo's Bad Bishop,* pp. 95-102.)

LXVIb- *Fue a otra comarca.* El Cielo de la visión de Oria
está dividido en comarcas o mansiones, que corresponden a las
distintas jerarquías de los Bienaventurados; cfr. las cuadernas
LXXXIII, LXXXVI, LXXXIX. (Para la división del Cielo en
mansiones, vid. Patch, *El otro mundo,* p. 12 visión de Rotcario;
p. 109 visión de Baronto; p. 119 visión de Alberico; p. 121 visión
de Tundale.)

LXVII [64]

Salieron reçivirla con responsos doblados,
fueron *a abraçarla* con los braços alçados,
tenién con esta novia los *cueres* bien pagados,
non fizieran tal gozo años *avié* passados.

LXVIII [65]

Embargada fue Oria con el reçebimiento,
ca *tenié* que non era de tal merecimiento,
estava atordida, en grant desarramiento,
pero nunca de cosa ovo tal pagamiento.

LXIX [66]

Si del *Reï de Gloria* li fuesse otorgado,
fincarié con las vírgines de amor e de grado,
mas aún essi tiempo non era allegado,
de reçevir soldada del lazerio passado.

LXX [67]

El coro de las vírgines, una fermosa az,
diéronli a la freira todas por orden paz.
Dixiéronli: «Contigo, *Oria, mucho* nos plaz,
pora esta compaña digna eres assaz.

LXXI [68]

Esto por nuestro mérito nos non lo ganariémos,
esto en *que nos somos,* nos non lo mereciémos,
mas el nuestro Esposo a quien voto fiziemos,
fízonos esta graçia porque bien lo quisiemos».

LXXII [69]

Oria que *ant* estava mucho embergonzada,
con estos dichos buenos fízose más osada,
preguntó a las vírgines, essa sancta mesnada,
por una su maestra que la ovo criada.

LXVIIa- *Responsos doblados,* rezo litúrgico, cantado a dos vo-
ces; es decir, doblando uno la voz una octava más alta. Se trata
del *discantus,* origen de la polifonía; comp. con Milag. 8a: *Unas
tenían la quinta e las otras doblaban.* (Vid. Devoto, *Milagros,*
s.v. Música.)

LXXIII [70]
Una maestra ovo   de *mucha* sancta vida,
Urraca li dixieron,   mujer buena complida,
emparedada visco   una buena partida,
era de la maestra   Oria *mucho* querida.

LXXIV [71]
Preguntólis por ella   la freira que oídes:
«Dezitme, mis señoras,   por Dios a qui servides.
¿Urraca es en estas   las que aquí venides?,
grant graçia me faredes   si esto me dezides.

LXXV [72]
Mi ama fue al mundo   ésta por quien demando,
lazró, conmigo mucho   e a mi castigando,
querría yo que fuesse   en esti vuestro vando,
por su deudor me tengo,   durmiendo e velando.

LXXVI [73]
Dixiéronli las vírgines   nuebas de grant sabor:
«Essa que tú demandas,   Urraca la seror,
compañera es nuestra   e nuestra morador,
con Justa su disçípula,   sierva del Criador».

LXXVII [74]
«Ruégovos, dixo Oria,   por Dios que la llamedes,
si me la demostrardes   grant merçed me faredes;
yo por la su doctrina   entré entre paredes,
yo ganaré y mucho,   vos nada non perdredes».

LXXIIIb- *Urraca.* No hemos podido averiguar nada seguro so-
bre esta reclusa que fue maestra de Oria, y cuya doctrina parece
haber influido en su vocación, cfr. LXXVIIc. En un doc. de
fecha incierta, h. 1067, una *Urraca, imparetata* entrega al Monas-
terio de Valvanera sus bienes (Lucas Alvarez, *Libro Becerro*,
doc. n.º 40).
c- *Visco,* pret. fuerte de Vivir.
LXXVd- *Deudor,* «deudora». Los nombres en -or conservan esta
desinencia en el femenino, cfr. *seror, morador,* LXXVIbc; además,
grant amor e complida, CLXXXVb; o lo hacen en —triz, cfr.
pecadriz, CVIIa. No obstante, a veces se forma el femenino
—ora, cfr. *serora,* CXXXIIId.

LXXVIII [75]
Clamáronla por nombre   las otras compañeras,
respondiólis Urraca   a las vezes primeras,
conosçió la voz Oria,   entendió las señeras,
mas *non podió veerla*   por ningunas maneras.

LXXIX [76]
La az era muy luenga,   esso la embargava,
que non *podié* veerla,   ca en cabo estava;
levóla adelante   la voz que la guiava,
pero a la maestra   nunca la olvidava.

LXXX [77]
En cabo de las vírgines,   toda la az passada,
falló muy rica siella   de oro bien labrada,
de piedras muy preçiosas   toda engastonada,
mas estava vazía   e muy bien seellada.

LXXXI [78]
Vedié sobre la siella   muy rica acithara,
non *podrié* en *est* mundo   cosa seer tan clara;
Dios solo faz tal cosa   que sus siervos empara,
que non *podrié* comprarla   toda alfoz de Lara.

LXXXII [79]
Una dueña fermosa   de edat mançebiella,
Voxmea *avié* nombre,   guardava esta siella;
darié por tal su regno   el reï de Castiella,
e *serié* tal mercado   que *serié* por fabliella.

LXXXIII [83]
Vido más adelante,   en un apartamiento,
de sanctos hermitaños   un preçioso conviento,
que sufrieron por Christo   mucho amargo viento,
por ganar a las almas   ' vida e guarimiento.

LXXXIII- Para el nuevo orden de las LXXXIII-CV, vid. Uría,
El Poema, pp. 103-7.
c- *Mucho amargo viento*, «muchas adversidades».

LXXXIV [84]
Conosçió entre todos   un monge ordenado,
Don Monio li dixieron,   como diz el dictado;
a otro su discípulo,   Muño era llamado,
que fue de Valvanera   buen abat consagrado.

LXXXV [85]   .
Y vido a Galindo,   en essa compañía,
ladrones lo mataron   en la hermitanía;
y vido a su padre,   que llamavan García,
aquelli que non quiso   seguir nula folía.

LXXXVI [80]
Alçó Oria los ojos   escontra aquilón,
vido grandes compañas,   fermosa criazón,
semejavan vestidos   todos de vermejón;
preguntó a las otras: «¿Estos qué cosa son?»

LXXXVII [81]
Dixiéronli las vírgines   que eran sus guionas:
«Todos éstos son mártires,   unas nobles personas,
dexáronse matar   a golpes de azconas,
Jesu Christo por ende   diólis ricas coronas.

LXXXIV- *Don Monio. Muño.* El documento más antiguo reco-
gido en el *Libro Becerro* de Valvanera (20 octubre 1035) nombra
a «Domno Nunno baluanere abba, presente domno Munnio prior
de Kannas» (S. Martín de Cañas era priorato de Valvanera).
Este don Nuño, abad de Valvanera, vuelve a salir en otro do-
cumento de 10 abril 1053, mientras que don Munio aparece
abundantemente, como receptor en la compra de bienes para el
Monasterio, durante estos años, siempre bajo las fórmulas «sub
iussione abbatis valle uenarie», «et de sociis tuis de valle uena-
rie» o «et abbas tuos». Es indudable que estas dos personas
son las mismas que se citan en el poema. El hecho de que se
encuentren entre los ermitaños se explica porque Valvanera fue
fundación de eremitas, y a principios del siglo XI todavía conser-
vaba este carácter. Muño por Nuño hay que explicarlo como
error de los copistas. (Vid. Lucas Alvarez, *Libro Becerro*, y Pérez
Alonso, *Historia de la Real Abadía*.)

LXXXVIII [82]

Allí es Sant Estevan   qui fue apedreado,
Sant *Lorent* el que Çesar   ovo después assado,
Sant Viçent, el caboso,   de Valerio criado;
mucho otro buen lego,   mucho buen ordenado».

LXXXIX [86]

Vido a los apóstolos   más en alto logar,
cascuno en su trono   en quí *devié* juzgar;
a los evangelistas   y los vido estar,
la su claridat omne   non la *podrié* contar.

XC [87]

Estos *son nuestros* padres,   cabdiellos generales,
príncipes de los pueblos,   son omnes principales;
Jesu Christo fue papa,   éstos los cardenales,
que sacaron del mundo   las serpientes mortales.

XCI [89]

Dexemos lo ál todo,   a la siella tornemos,
la materia es alta,   temo que pecaremos,
mas en esto culpados   nos seer non devemos,
ca ál non escrevimos,   sinon lo que leemos.

XCII [90]

De suso lo dixiemos,   la materia lo dava,
Voxmea *avié* nombre   *qui* la siella guardava,
como rayos del sol   así relampagava,
bien fue felix la alma   *pora la que* estava.

LXXXVIIIc- *Sant Viçent, el caboso,* «cabal», «perfecto», «vir-
tuoso»; es San Vicente levita, mártir en Valencia bajo el gobier-
no de Daciano, y diácono del obispo Valerio; de ahí las palabras
del poeta: «de Valerio criado».
LXXXIXa- Para *apóstolos* vid. Pidal, *Cid*, I, p. 159; cfr. S. Dom.
523b. El plural *apóstoles* se formó más tarde, por analogía.
XCIa- *Dexemos... tornemos,* cfr. nota a XXIIIa.
   d- *Sinon lo que leemos,* alude a la *Vida* latina de Munio.

xciii [91]
Vistié esta mançeba   preçiosa vestidura,
más preçiosa que oro,   más que la seda pura,
era sobreseñada   de buena escriptura,
non cubrió omne vivo   tan rica cobertura.

xciv [92]
Avié en ella nombres   de omnes de grant vida,
que servieron a Christo   con voluntat complida,
pero de los reclusos   fue la mayor partida,
que domaron sus carnes   a la mayor medida.

xcv [93]
Las letras de los justos   de mayor sanctidat
paresçién más leíbles,   de mayor claridat.
Los otros más so rienda,   de menor *sanctidat,*
eran más tenebrosas,   de grant obscuridat.

xcvi [94]
Non se *podié* la freira   de la siella toller,
díxoli a Voxmea   que lo *querrié* saver;
esti tan grant adobo   cuyo *podrié* seer,
ca non *serié* por nada   comprado por aver.

xcvii [95]
Respondióli Voxmea.   díxoli buen mandado:
«Amiga, bien as fecho   e bien as demandado,
todo esto que vees   a ti es otorgado,
ca es del tu serviçio   el Criador pagado.

xciiic- Para el motivo de las vestiduras con nombres escritos
de santos famosos, que se encuentra en esta cuaderna y la si-
guiente, vid. Sacrif., c. 234-238, donde, según el antiguo rito de
la Misa, el Obispo se cubría con un palio, en el que estaban es-
critos los nombres de los Padres y Justos.

Talla de Santa Oria (s. XVII), tras coro de la iglesia de
San Millán de Suso

Essa virgen preçiosa   de quien fablar solemos
S.Or., XIa

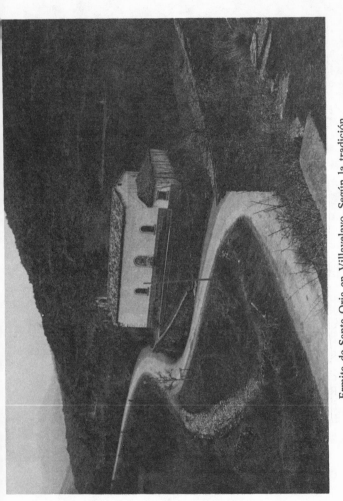

Ermita de Santa Oria en Villavelayo. Según la tradición,

XCVIII [96]
Todo esti adobo   a ti es comendado,
el solar e la silla,   Dios sea *end* laudado,
si non te lo quitare   consejo del pecado,
el que fizo a Eva   comer el mal bocado».

XCIX [97]
«Si como tú me dizes,   díxoli sancta Oria,
a mi es prometida   esta tamaña gloria,
luego, en esti tálamo,   querría seer novia,
non querría del oro   tornar a la escoria».

C [98]
Respondióli la otra,   como bien razonada:
«Non puede seer esso,   Oria, esta vegada;
de tornar as al cuerpo,   yazer emparedada,
fasta que sea toda   tu vida acabada».

CI [99]
Las tres mártires sanctas   que con ella vinieron,
en ninguna sazón   della non se partieron,
siempre fueron con ella,   con ella andidieron,
fasta que a su casa   misma la *aduxieron.*

CII [100]
Rogó a estas sanctas   de toda voluntat,
que rogassen por ella   al Rey de Majestat,
que gelo condonasse   por la su pïadat,
de fincar con Voxmea   en essa heredat.

CIII [101]
Rogaron a Dios ellas   quanto mejor sopieron,
mas lo que *pidié* ella   ganar non lo podieron;
fablólis Dios del Çielo,   la voz bien la oyeron,
la su Majestat grande,   pero non la *vidieron.*

XCVIIIab- Este es el premio *(el solar e la silla)* ganado por
Oria con su penitencia y sacrificios, y al que se refieren las Vír-
genes-mártires, en XXXVIcd.
XCIXc- *Luego, en esti tálamo,* «aquí, en esti tálamo», cfr. nota
a IIIa.

CIV [102]
Díxolis: «Piense Oria   de ir a su logar,
non vino aún tiempo   de aquí habitar;
aún ave un poco   el cuerpo a lazrar,
después verná el tiempo   de la siella cobrar».

CV [88]
Como asmava Oria   a su entendimiento,
oyó fablar a Christo   en essi buen conviento,
mas non podió veerlo   a todo su taliento,
ca bien lieve non era   de tal mereçimiento.

CVI [103]
Señor, dixo, e Padre,   pero que non te veo,
de ganar la tu graçia   siempre ovi deseo,
si una vez saliero   del solar en que seo,
non tornaré y nunca   segúnt lo que yo creo.

CVII [104]
Los Çielos son *much* altos,   yo pecadriz mezquina,
si una vez tornaro   en la mi calabrina,
non fallaré *en mundo*   señora nin madrina,
por qui yo esto cobre,   nin tardi nin aína.

CVa- *Como asmava Oria,* «mientras Oria meditaba». Aquí *como*
tiene valor temporal. (Vid. Lope Blanch, *La expresión temporal.)*

c- *A todo su taliento,* «a su gusto», «como deseaba».

d- *Bien lieve,* loc. adverbial, «quizá», «probablemente»; cfr.
S. Dom., c. 406d.

CVIa- *Pero que,* «aunque».

c- *Saliero,* fut. de subj. de Salir. La persona YO conservó la
-o etimológica, hasta el siglo XIV, junto con las formas en -e, o en
-r por apócope de la -e; cfr. también CVIIb *tornaro.* Formas en
-ero se registran en otros poemas de Berceo, cfr. Milag., c. 248cd
(en rima con *quiero* y *fiero),* c. 525d, 527 d, c. 567d, etc... (Vid.
Ruffinatto, *La lingua,* p. 129; Pidal, *Cid,* I, p. 277.)

CVIIb- *Tornaro,* fut. de subj. de Tornar, vid. nota a la cuader-
na anterior. *Calabrina,* «cuerpo separado del alma». Alvar, *(En
torno a calabrina)* propone como etimología de esta voz el latín
CADAVERINUS, documentado en Tertuliano y San Agustín.

CVIII [105]
Dixol aún de cabo   la voz del Criador:
«Oria, del poco mérito   non ayas *nul temor*,
con lo que as lazrado   ganesti *mi* amor,
quitar non te lo puede   ningún escantador.

CIX [106]
Lo que tu tanto temes   e estés desmedrida,
que los Çielos son altos,   enfiesta la subida,
yo te los faré llanos,   la mi fija querida,
que non abrás embargo   en toda tu venida.

CX [107]
De lo que *tanto* temes   non serás embargada,
non abrás nul embargo,   non te temas por nada.
Mi fija, benedicta   vayas e sanctiguada,
torna a tu casiella,   reza tu matinada».

CXI [108]
Tomáronla las mártires   que ante la guiaron,
por essa escalera   por la que la levaron,
en muy poquiello rato   al cuerpo la tornaron,
espertó ella luego   que ellas la dexaron.

CVIIIa- *De cabo*, «nuevamente».
d- *Escantador*. Marden (*Cuatro poemas*, p. 30) señala que *escantador* es un error del copista que se repite en el Ms. I. Sin embargo, no se trata de una errata, sino que es forma usada en la Edad Media, lo mismo que el verbo Escantar y el sust. *escanto*, cfr. Duel. c. 91b; también *descanto* c. 180a. Para estas formas concurrentes con *encantador, encanto*, vid. Corominas (DCELC, s.v. Cantar).
CXd- *Reza tu matinada*. Obsérvese que Oria sube en visión al Cielo *después de las matinas, leída la lectión* (XXIXa), en donde *matinas* vale «maitines» (DCELC, s.v. Mañana). Por tanto, si ya ha rezado «los maitines», la *matinada* debe entenderse como las oraciones personales de la mañana, pues no podemos pensar que la visión, como tal visión, durase hasta los maitines del día siguiente, sino sólo un breve espacio de tiempo como los sueños. Lanchetas (*Gramática*, s.v. Matinada) glosa *Matinada* de S. Or., CXd (107) como «maitines».

CXII [109]

Abrió ella los ojos,   cató en derredor,
non vido a las mártires,   ovo muy mal sabor;
vídose alongada   de muy grande dulçor;
avié muy grande cuita   e sobejo dolor.

CXIII [110]

Non cuidava veer   la hora ni el día
que podiesse tornar   a essa confradía;
doliésse de la siella   que estava vazía,
siella que Dios fiziera   a tan grant maestría.

CXIV [111]

Por estas visïones   la reclusa don Oria
non dio en sí entrada   a nula vanagloria;
por amor de la alma,   non perder tal victoria,
non *fazié* a sus carnes   nula *misericordia*.

CXV [112]

Martiriava las carnes   dándolis grant lazerio,
cumplié días e noches   todo su ministerio,
jejunios e vigilias   e rezar el salterio;
querié a todas guisas   seguir el Evangelio.

CXIII- Esta cuaderna y las cinco que la siguen sirven de tran-
sición entre la Primera y Segunda Visión. Berceo sigue aquí el
principio de la *abreviatio*, despachando once meses de la vida
de Oria en sólo tres cuadernas (CXIII, CXIV, CXV) que enca-
recen, una vez más, su ascetismo, penitencia y oraciones. La CXVI
es ya un preludio de la Segunda Visión, y la CXVII no tiene
más función que señalar el tiempo transcurrido entre las dos Vi-
siones: *once meses señeros;* la CXVIII nos introduce en la Se-
gunda Visión, a la que sirve de marco o encuadre. Lo mismo
que en la XXVII, el pretérito *vido* del v. a tiene un valor in-
ceptivo, introductorio de lo que se va a relatar a continuación
en forma pormenorizada.

CXVI   [113]

El Reï de los Reyes,   Señor de los Señores,
en cuya mano yazen   justos e pecadores,
quiso sacar a Oria   de estos baticores
e ferla compañera   de compañas mejores.

CXVII   [114]

Onze meses señeros   *podrién seer* passados
desque vido los pleitos   que avemos contados,
de sanctos e de sanctas   combentos *much* honrados,
mas non los *avié* Oria   encara olvidados.

CXVIII   [115]

En essi mes onzeno   vido grant visïón,
tan *grant* como las otras   las que escriptas son,
non se *partié* Dios della   en ninguna sazón,
ca siempre *tenié* ella   en El su coraçón.

Segunda Visión

CXIX   [116]

Terçera noche ante   del mártir Saturnino,
que cae en nobiembre   de Sant Andrés vezino,
vínoli una graçia,   mejor nunca li vino,
más *dulz* e más sabrosa   era que pan nin vino.

CXVIc- *Baticores*, «penas», «sufrimientos», compuesto de Batir
y cor, «corazón». Según Corominas (DCELC, s.v. Batir) tomado
del catalán baticor. Según Dutton *(French Influences*, p. 76) es
un provenzalismo.

CXIXa- *Saturnino*, San Saturnino de Tolosa. El culto a este
Santo en España se remonta al siglo v, y parece que en este siglo
ya era conocida su *Pasión* en la Península. El Calendario Mo-
zárabe celebraba su fiesta el 29 de noviembre. (Vid. *Pasionario
Hispánico*, I, pp. 185-86, y II, pp. 57-59 y 364.)

b- *Sant Andrés*, apóstol y mártir. Su fiesta figuraba en la
liturgia visigótica ya desde el siglo VII, y en el Calendario Mozá-
rabe se celebraba el día 30 de noviembre. (Vid. *Pasionario His-
pánico*, I, pp. 196 y 296, y II, pp. 59-64.)

cxx   [117]

Serié la meatat   de la noche passada,
avié mucho velado,   Oria era cansada,
acostóse un poco,   flaca e muy lazrada,
non era la cameña   de molsa ablentada.

cxxı   [118]

Vido venir tres vírgines,   todas de una guisa,
todas *venién* vestidas   de una blanca frisa,
nunca tan blanca vido   nin toca nin camisa,
nunca tal cosa ovo   nin Genüa nin Pisa.

cxxıı   [126]

Todas eran iguales,   de una calidat,
de una captenençia   e de una edat;
ninguna a las otras   non *vençié* de bondat,
trayén en todas cosas   todas tres igualdat.

cxxııı   [127]

Trayén estas tres vírgines   una noble lechiga,
con adobos reales,   non pobres nin mendiga;

cxxd- *Molsa ablentada,* «pluma escogida»; *ablentada* de Ablen-
tar, «aventar en la era la mies o los granos con el bieldo». Es
término muy usado en la Rioja en la actualidad. (Vid. Goicoe-
chea, *Vocabulario Riojano,* s.v. Ablentar.)

cxxıd- *Nin Genüa nin Pisa.* La referencia a estas dos ciuda-
des se debe a que ambas, junto con Venecia, fueron los puertos
comerciales más importantes de la Edad Media, en los que con-
fluían mercancías tanto del Oriente como de las industriosas ciu-
dades flamencas del Norte. Berceo emplea la forma latina *Genua,*
usual en la Edad Media, cfr. *Genua* y *genueses,* P. C. G., ed.
Pidal, II, 1955, p. 661a, 49 y 45; también, *El Conde Lucanor,*
ed. J. M. Blecua, Castalia, 1969, pp. 75 y 77. Para el orden de
las cuadernas CXXII-CXXXIX, vid. Uría, *El Poema,* pp. 73-80;
también Lida, *Notas,* p. 23. La estructura de esta Segunda Visión
la estudio en *El Poema de Santa Oria. Cuestiones.*

cxxıııb- *Non pobres nin mendiga.* La coordinación de mascu-
lino plural y femenino singular es un vicio contra la sintaxis
que puede explicarse por la difícil rima en -iga. No obstante,
la construcción es ambigua, y no está claro si *mendiga* califica
a los *adobos reales* o a la *lechiga* del v.a. Se trata, en todo caso,
de una licencia poética, al servicio del ritmo y la rima, que afec-
ta a la sintaxis.

fabláronli a Oria,   de Dios buena amiga:
«Fija, oï un poco,   sí Dios te benediga.

CXXIV [128]
Liévate de la tierra   que es fría e dura
subi en esti lecho,   yazrás más en mollura;
he aquí, la Reïna,   desto seï segura,
si te falla en tierra   abrá de ti rencura».

CXXV [129]
«Dueñas, díxolis Oria,   non es esso derecho,
pora viejo e flaco   combiene esti lecho,
yo *valient* so e niña   por sofrir todo fecho,
si yo y me echasse   Dios *avrié end* despecho.

CXXVI [130]
Lecho quiero yo áspero   de sedas aguijosas,
non meresçen mis carnes   yazer *tanto* viçiosas;
por Dios, que non seades   en esto porfidiosas,
pora muy grandes omnes   son cosas tan preçiosas».

d- Para el valor bisílabo de *oï* (<AUDI), vid. Hanssen, *Gra-
mática*, p. 42. *Sí Dios te benediga*, «así Dios te bendiga»; la lec-
ción *benediga* (<BENEDICAT), aunque Sánchez y Ms. I traen
bendiga —con lo que el hemistiquio resulta hipométrico—, debe
conservarse como una más de las muchas formas latinizantes o
semicultas que se encuentran en los poemas de Berceo, comp. con
Duelo 133d: *Sí Dios me bendiga*, en el que habría que restituir
la forma *benediga* para completar el número cabal de sílabas.
El reajustar el hemistiquio con el adverbio *así* no sería perti-
nente, ya que se trata de una frase exclamativa de valor deside-
rativo, en las cuales se usaba, precisamente, el adverbio *sí* que
adquirió por ello valor desiderativo, con carácter autónomo
(DCELC, s. v. Así), cfr. S. Or. CLXXc y CLXXVIb, en donde
encontramos sintagmas desiderativos semejantes, encabezados con
el adverbio *sí*. Dutton, *Duelo*, corrige la hipometría del citado
verso 133d, añadiendo la conjunción copulativa *e*, lo que nos
parece muy poco oportuno, ya que rompe la estructura paratác-
tica asindética de las cuatro oraciones que integran los versos c) d).
cxxivc- *He aquí*. Es traducción del ECCE latino, por tanto
tiene el valor de: «he aquí que», «ten en cuenta que». Para el
valor bisílabo de *seï*, vid. Hanssen, *Gramática*, p. 42, y Ruffinat-
to, *La lingua*, p. 114.
cxxvc- *Valient*, «valiente», «sana», «con salud», lat. VALERE,
«ser fuerte», «vigoroso», «estar sano»... (DCELC, s.v. Valer.)

CXXVII [131]
Tomáronla las vírgines   dándol grandes sossaños,
echáronla a Oria   en essos ricos paños;
Oria con grant cochura   dava *yemdos* extraños,
ca non era vezada   *entrar* en tales vaños.

CXXVIII [132]
Luego que fue la freira   en el lecho echada,
fue de bien grandes lumbres   la çiella alumbrada,
fue de vírgines muchas   en un rato poblada,
todas *venién* honrarla   a la emparedada.

CXXIX [119]
Ende a poco rato   vino Sancta María,
vínolis a las vírgines   gozo e alegría;
como con tal Señora   todos *avién* buen día,
allí fue *adonada*   toda la confradía.

CXXX [120]
Dixiéronli a Oria: «Tú que yazes soñosa,
levántate, reçibi   a la Virgo Gloriosa,
que es Madre de Christo   e Fija e Esposa;
serás mal acordada   si fazes otra cosa».

CXXXI [121]
Respondiólis la freira   con grant *humilidat:*
«Si a ella ploguiesse   por la su pïadat
que yo llegar podiesse   a la su Majestat,
cadría a sus piedes   de buena voluntat».

CXXXII [122]
Abés *avié* don Oria   el biervo acabado,
plegó la Glorïosa,   ¡Dios tan buen encontrado!,
relumbró la confita   de relumbror doblado;
qui oviesse tal huéspeda   *serié* bien venturado.

---

cxxviid- No estaba acostumbrada a tantas comodidades y lujo.
(Vid. Lida, *Estar en un baño*.)

cxxxiic- *Confita*, «conjunto de edificios contiguos», «manza-
na de casas». (Vid. Lapesa, *Notas*.) Dado que, en todos los ejem-
plos que aduce Lapesa, esta palabra tiene un valor plural, de

CXXXIII [123]
La Madre benedicta,   de los Çielos Señora,
más fermosa de mucho   que non es la aurora,
non lo puso por plazo   nin sola una hora,
fue luego abraçarla   a Oria la serora.

CXXXIV [124]
Ovo con el falago   Oria grant alegría,
preguntóli si era   ella Sancta María.
«Non ayas nula dubda,   díxol, fijuela mía,
yo so la que tu ruegas   de noche e de día.

CXXXV [125]
Yo so Sancta María   la que tu mucho quieres,
que saqué de porfazo   a todas las mugieres,
Fija, Dios es contigo,   si tu firme *sovieres*
irás a grant riqueza,   fija, quando murieres».

---

conjunto o serie de edificaciones, en nuestro texto debemos entender que *confita* se refiere al conjunto de las celdas y demás construcciones del antiguo cenobio de San Millán de Suso, y no sólo a la celda de Oria, como dice Lanchetas.

CXXXIII La escena del encuentro entre Oria y la Virgen María (CXXXIII-CXXXIX) tiene un esquema formal, análogo al de las Anunciaciones bíblicas, las cuales se desarrollan sobre cinco puntos fundamentales que no faltan en ninguna: 1.°) Aparición de la persona que trae el mensaje. 2.°) Turbación (o dudas) de quien tiene la aparición. 3.°) Exposición del mensaje. 4.°) Objeciones (o petición de garantías) de quien lo recibe. 5.°) Signo (o señal) que garantiza el cumplimiento del mensaje. Estos cinco puntos se encuentran en la visita de la Virgen María a Oria. Incluso las palabras con que la Virgen la saluda *(Fija, Dios es contigo)* son las mismas que el ángel le dirige a María en la Anunciación, y que con alguna variante se repiten en las demás Anunciaciones. Vid. el anuncio de la misión de Gedeón *(Jueces,* c. 6); la de Isaac *(Génesis,* 17-18); la del nacimiento de Sansón *(Jueces,* c. 13), etc...

d- *Fue luego,* «fue inmediatamente».

cxxxvcd- Nótese el encabalgamiento de estos versos.

CXXXVI [133]
«Madre, díxoli Oria,   si tú eres María
de la que fabló tanto   el barón Isaía,
por seer bien çertera   algún signo querría,
por que segura fuesse   que salvarme podría».

CXXXVII [134]
Díxol la Glorïosa: «Oria, la mi lazrada,
que de tan luengos tiempos   eres emparedada,
yo te daré un signo,   señal buena provada,
si la señal vidieres   *estonz* serás pagada.

CXXXVIII [135]
Esto ten tú por signo,   por çertera señal:
Ante de pocos días   enfermarás muy mal,
serás *fuert* embargada   *d'enfermedat* mortal,
qual nunca la oviste   terrásla bien por tal.

CXXXIX [136]
Veráste en grant quexa,   de *muert* serás cortada,
serás a pocos días   desti mundo passada,
irás do tu codiçias,   a la silla honrada,
la que tiene Voxmea   pora ti bien guardada».

CXXXVIb- Se refiere a las profecías marianas de Isaías.

CXXXVIIa- También podría leerse *díxoli*, evitando así la con-
fluencia de las dos consonantes, ya que *Gloriosa* unas veces cuen-
ta cuatro sílabas, como en XXXIc, CXXXIIb y CCa, y otras
veces tres sílabas, como en IIIc, LXIId y CXXXb.

b- Cuando Oria tiene su Segunda Visión hace más de die-
ciséis años que vive reclusa en el Monasterio de Suso (Vid.
Uría, *Oria Emilianense*, pp. 334-35), de ahí las palabras de la
Virgen María: *que de tan luengos tiempos*.

CXXXVIIIc- *D'enfermedat mortal*. Tal vez podría ser la lección
original, «de maleta mortal», evitándose el apócope en la prep.
de. (Vid. DCELC, s.v. Maleta.)

CXXXIXa- Según Dutton *(Reseña) cortada* es un error por *coi-
tada*. Desconocemos las razones que le han llevado a tal supues-
to, pues no las expone; simplemente afirma. En realidad, la cons-
trucción de nuestro texto, *de muert serás cortada* (voz pasiva con
sujeto agente introducido por *de*) es perfectamente regular y
usual en toda la época medieval, ampliamente documentada en

··· ··· ··· ··· ··· ··· ··· ··· ··· ··· ··· ··· ··· ··· ··· ··· ···

TERCERA VISIÓN

··· ··· ··· ··· ··· ··· ··· ··· ··· ··· ··· ··· ··· ··· ··· ··· ···

CXL   [137]
En cuita *yazié* Oria,   dentro en su casiella,
sedié un grant convento   de fuera de la çiella,
rezando su salterio   *cascuno* en su siella,
e non *tenié* ninguno   enxuta la maxiella.

CXLI   [138]
Yaziendo la enferma   en tal tribulaçión,
maguera entre dientes   *fazié* su oración,
querié batir sus pechos,   mas non *avie* sazón,
pero *querié* la mano   alçar en essi son.

---

el *Cid,* 156, 270, 284, etc.; S. Dom. 52a, etc.; S. Laur. 68a, etc.;
Fern. Gonz. 590a, etc.; Apol. 11b, 13c, etc.; LBA 336a, etc.
(Vid. Pidal, *Cid,* I, pp. 343 y 379; Alvar, *Apolonio,* I, p. 403).
En cuanto al sentido de la frase, *de muert serás cortada,* la ima-
gen (si es que así puede llamarse) es bien trivial; baste recordar
que uno de los símbolos o emblemas más específicos de la Muer-
te es, quizá, la guadaña. No vemos, por tanto, ninguna razón
para cambiar un texto, completamente correcto y —en nuestra
opinión— altamente expresivo.
    Las líneas de puntos indican que falta parte del texto. En rea-
lidad, falta un folio, el CIX' del Códice «in folio» de las obras
de Berceo. (Sobre este folio perdido y las cuestiones que ha sus-
citado, vid. Uría, *El Poema,* pp. 16-25, y posteriormente, *Nuevos
datos.)*
CXLd- *Maxiella,* «maxilar», «mandíbula» viene mejor al sen-
tido del contexto que «mejilla». Lo que dice Berceo es que todos
estaban rezando, es decir: todos movían las mandíbulas; *enxuta,*
«enjuta», está usado en la acep. fig. de «escasa», «parca». Se trata,
pues, de una imagen, cuyo sentido es: «las gentes que acompañaban
a Oria *no paraban de rezar»,* «no eran parcas en oraciones»
(Comp. *ser parco en palabras).* Según esto, *maxiella* tiene aquí
el sentido etimológico del lat. MAXILLA. El diptongo -iella se
explica por el sufijo —ELLA, que sustituyó frecuentemente a
-ILLA (DCELC, s.v. Mejilla). Para el orden de las cuadernas
CXLII-CXLVIII, vid. Uría, *El Poema,* pp. 109-111.

CXLII [139]

Traspúsose un poco   ca era quebrantada,
fue a *Mont* Oliveti   en visïón levada,
vido y tales cosas   de que fue saborgada;
si non la despertassen   cuidó seer folgada.

CXLIII [141]

Vido redor el monte   una bella anchura,
en ella de olivos   una grant espessura,
cargados de olivas   mucho sobre mesura,
podrié bevir so ellos   omne a grant folgura.

CXLIV [142]

Vido por essa sombra   muchas gentes venir,
todas *venién* gradosas   a Oria resçebir,
todas bien aguisadas   de calçar *e vestir;*
querién si fuesse tiempo   al Çielo la sobir.

CXLV [143]

Eran estas compañas   de preçiosos varones,
todos bestidos eran   de blancos çiclatones,
semejavan de ángeles   todas sus guarniciones;
otras tales *vidiera*   en algunas sazones.

CXLVI [144]

Vido entre los otros   un omne ançïano,
Don Sancho li dixieron,   barón fue massellano,
nunca lo ovo visto   nil tanso de la mano,
pero la serraniella   conosçió al serrano.

CXLVIb- *Don Sancho.* No sabemos quién fue este don Sancho
de Mansilla de la Sierra. Lida *(Notas,* p. 22), cree que se trata
del obispo don Sancho, citado en LXIVb. No creemos que haya
base para hacer esta identificación. En el poema se procura
siempre identificar a los personajes por su cargo, profesión o
algún otro dato o rasgo; en este caso, los únicos rasgos que se
nos suministran son que era un hombre anciano, natural de
Mansilla de la Sierra.
c- *Tanso,* Pretérito fuerte de Tañer.

CXLVII [140]
La madre con la ravia   non se *podié* folgar,
ca todos se cuidavan   que se *querié* passar,
metióse en la casa   por la cosa probar,
començó de traerla,   ovo a despertar.

CXLVIII [145]
Con esto la enferma   ovo muy grant pesar,
en aquella sazón   non *querrié* espertar,
ca *sedié* en grant gloria,   en sabroso logar,
e cuidava que nunca   allá *podrié* tornar.

CXLIX [146]
Aviélis poco grado   a los despertadores,
siquiere a la madre,   siquier a las sorores,
ca *sedié* en grant gloria   entre buenos señores,
que non *sintié* un punto   de todos los dolores.

CL [147]
Dizié entre los dientes   con una voz cansada:
Monte Oliveti, Monte Oliveti,   ca non *dizié* ál nada;
non gelo entendía   nadi de la posada,
ca non era la voz   de tal guisa formada.

CLI [148]
Otras buenas mugeres   que çerca li *sedién*,
vedién que murmurava,   mas no la *entendién;*
por una maravilla   esta cosa *avién,*
estavan en grant dubda   si era mal o bien.

CXLIXb- *Siquiere ... siquier*, «tanto ... como».
CLb- Resulta imposible, con argumentos gramaticales, reajustar
el primer hemistiquio de este verso. Solamente con un criterio si-
cológico podría suprimirse el segundo *Oliveti*, tal como sugiere
M.ª Rosa Lida *(Notas,* p. 32).

CLII [149]
La madre de la dueña   fizo a mi clamar,
fízome en la casa   de la fija entrar,
yo que la afincasse   si podiese fablar,
ca *querié* dezir algo,   non la *podién* entrar.

CLIII [150]
Dixiéronli a ella   quando yo fui entrado:
«Oria, abri los ojos,   *oirás* buen mandado;
resçibe a don Muño,   el tu amo honrado,
que viene despedirse   del tu buen gasajado».

CLIV [151]
Luego *que lo oyó*   este mandado Oria,
abrió ambos los ojos,   entró en su memoria,
e dixo: «Ay mezquina,   estava en grant gloria,
porque me despertaron   so en grant querimonia.

CLV [152]
Si solo un poquiello   me oviessen dexada,
grant amor me fizieran,   sería terminada,
ca entre tales omnes   era yo arribada
que contra los sus bienes   el mundo non es nada».

CLVI [153]
Ovo destas palabras   *Muño* mucho plazer,
«Amiga, dixo, esto   fáznoslo entender,
bien non lo entendemos,   *querriémoslo* saver,
esto que te rogamos   tú déveslo fazer».

CLII En esta cuaderna y la siguiente la voz narradora pasa
de Berceo al monje Munio, el hagiógrafo de Santa Oria. Pensa-
mos que Berceo traduce literalmente la *Vida* latina, sin trasladar
el relato a la tercera persona.
d- *Non la podién entrar,* «no podían entenderla».
CLIIIc- Nótese que si el poeta no nos hubiese presentado
al hagiógrafo Munio en VII-VIII, su aparición repentina, casi al
final del poema, no tendría mucho sentido.
CLVIa- Tal vez, en el primer hemistiquio fuese mejor leer *ovo
de estos vierbos,* evitando, así, la forma contracta *destas.*

CLVII [154]
«Amigo, dixo ella,   non te mintré en nada,
por fazer el tu ruego   mucho so adebdada,
fui a Mont Oliveti   en visïón levada,
vidi y tales cosas   por que so muy pagada.

CLVIII [155]
Vidi y logar bueno,   sobra buen arbolado,
el fructo de los árboles   non sería preçiado,
de campos grant anchura,   de flores grant mercado,
guarrié la su olor   a omne entecado.

CLIX [156]
Vidi y grandes yentes   de personas honradas,
que eran bien bestidas,   todas e bien calçadas,
todas me reçibieron   con laudes bien cantadas,
todas eran en una   voluntat acordadas.

CLX [157]
Tal era la compaña,   tal era el logar,
omne que y morasse   nunca *verié* pesar;
si yo oviesse más   un poco y estar,
podría muchos bienes   ende acarrear».

CLXI [158]
Díxol Muño a Oria: «¿Cobdiçias allá ir?»
Díxol a Muño Oria: «Yo si, más que vivir,
e tú non *perdriés* nada   de conmigo venir».
Díxol Muño: «Quisiésselo   esso Dios consintir».

CLXII [159]
Con sabor de la cosa   quísose levantar,
como omne que quiere   en carrera entrar.
Díxoli Muño: «Oria,   fuelga en tu logar,
non es agora tiempo   por en naves entrar».

CLXIIa- *Con sabor de la cosa,* «con gusto de la visión».
b- *En carrera entrar,* «ponerse en camino».
d- *En naves entrar.* Pienso se trata de una frase hecha o re-
frán, cuyo significado es, posiblemente, «ponerse a hacer algo».
Vid. Goicoechea, *Vocabulario Riojano,* donde se recoge Navegar

CLXIII   [160]
En esta pleitesía   non quiero detardar,
si por bien lo tobierdes   quiérovos destajar;
a la fin de la dueña   me quiero acostar,
levarla a la siella,   después ir a folgar.

MUERTE DE ORIA

CLXIV   [161]
El mes era de março,   la segunda semana,
fiesta de Sant Gregorio,   de Leandre cormana,
hora quando los omnes   fazen meridïana,
fue quexada la dueña   que siempre *bistié* lana.

CLXV   [162]
La madre de la dueña,   cosa de Dios amada,
del duelo de la fija   estava muy lazrada;
non dormiera la noche,   estava apesgada,
lo que ella comía   non era fascas nada.

CLXVI   [163]
Yo Muño, e don Gomez   çellerer del logar,
oviemos a Amuña   de firmes a rogar,
que fuese a su lecho   un *poquiello folgar,*
ca nos la *guardariémos*   si quisiesse passar.

---

con el significado de «avivar la marcha», «activar lo que se está
haciendo», etc...

CLXIII- Es una típica cuaderna de transición. Berceo utiliza una
fórmula de la *abreviatio* para acortar la narración y pasar rápida-
mente a otro tema: la muerte de Oria.

CLXIVb- *Fiesta de Sant Gregorio.* La de San Gregorio Magno,
que se celebraba el 12 de marzo, un día antes de la de San
Leandro; de ahí que el poeta las llame *cormanas.*

c- *Fazen meridïana,* «descansan al mediodía»; el sentido del
verso será, pues, «al mediodía, cuando los hombres descansan»
comp. S. Dom., c. 37c, *«Non fazié entre día luenga meridiana»,*
en donde se repite la fórmula «facer meridiana». Para la escansión
de *meridiana* y sus diversas acepciones, vid. Uría, *El Poema,* p. 61.

d- *Bistié lana,* «vestía el hábito».

CLXVIa- Lo mismo que en CLII-CLIII, la voz narradora pasa
de Berceo a Munio y el relato se hace, por tanto, en primera

CLXVII [164]

Quanto fue acostada,   fue luego adormida,
una visïón vido   que fue luego complida,
vido a su marido,   omne de sancta vida,
padre de la reclusa   que *yazié* mal tañida.

CLXVIII [165]

Vido a don Garçía   qui fuera su marido,
padre era de Oria,   bien ante fue transido;
entendió bien que era   por la fija venido,
e que era sin dubda   el su curso complido.

CLXIX [168]

Vido con don Garçía   tres personas seer,
tan blancas que nul omne   no lo *podrié* creer,
todas de edat una,   e de un paresçer,
mas no fablavan nada   ni *querién* signas fer.

CLXX [166]

Preguntóli Amuña: «Dezitme, don Garçía,
quál es vuestra venida,   yo saverlo querría,
sí nos vala Don Christo,   Madre Sancta María,
dezitme de la fija   si verá cras el día».

---

persona. *Don Gomez çellerer del logar.* Dutton *(Berceo's Bad Bishop*, p. 100) ha identificado a este don Gómez con un «Domnus Gomesanus cellerarius», que firma en un documento del año 1089 *(Cartulario de S. Millán*, n.º 274). Añado otro documento en el que firma como testigo «Domnus Gomiç cellerarius», junto con el abad don Alvaro del Monasterio de San Millán (vid. *Becerro de Valvanera*, ed. M. Lucas Alvarez, doc. 161, año 1081). Don Alvaro fue abad de San Millán de Yuso, de 1081 a 1086.

CLXVIIa- *Quanto fue acostada*, «en cuanto se acostó», cfr. nota a XVIIIb. Para el orden de las cuadernas CLXVIII-CLXXII, vid. Uría, *El Poema*, pp. 111-112.

CLXXc- *Sí nos vala*, «así nos valga». Lo mismo en CXXIIId y CLXXVIb, donde *sí* vale «así».

CLXXI   [167]

«Sepas, dixo García,   fágote bien çertera,
cerca anda del cabo,   Oria, de la carrera,
quenta que es finada,   ca la hora espera,
es de las sus jornadas   ésta la postremera».

CLXXII   [169]

Despierta fue Amuña,   la visïón passada,
si ante fue en cuita   después fue más coitada,
ca *sabié* que la fija   *serié* luego passada,
e que *fincarié* ella   triste e desarrada.

CLXXIII   [170]

Non echó esti sueño   la dueña en olbido,
ni lo que li dixiera   García su marido;
recontógelo todo   a Muño su querido,
él decorólo todo   como bien entendido.

CLXXIV   [171]

Bien lo decoró esso   como todo lo ál,
bien gelo contó ella,   non lo *priso* él mal;
por *end* de la su vida   fizo libro caudal;
yo *end* lo saqué esto   de essi su missal.

CLXXV   [172]

Conjuróla Amuña   a su fijuela Oria:
«Fija, sí Dios vos lieve   a la su Sancta Gloria,
si visïón vidiestes   o alguna istoria
dezítmelo de mientre   avedes la memoria».

CLXXVI   [173]

«Madre, dixo la fija,   qué *m'afincades* tanto;
dexatme, sí vos vala   Dios el buen Padre Sancto,
assaz tengo en mí   lazerio e quebranto,
más me pesa la lengua   que un pesado canto.

CLXXVII [174]

Queredes que vos fable,   yo non puedo fablar,
veedes que non puedo   la palabra formar.
Madre, si me quisierdes   tan mucho afincar,
ante de la mi hora   me puedo enfogar.

CLXXVIII [175]

Madre, si Dios quisiesse   que podiesse bevir,
aún assaz tenía   cosas que vos dezir,
mas quando no lo quiere   el Criador sofrir
lo que a El ploguiere   es todo de sofrir».

CLXXIX [176]

Fuel viniendo a Oria   la hora postremera,
fuesse más aquexando,   *boca* de noche era,
alçó la mano diestra   de fermosa manera,
fizo cruz en su frente,   santiguó su mollera.

CLXXX [177]

Alçó ambas las manos,   juntólas en igual,
como qui riende graçias   *al Reï* Spirital;
cerró ojos e boca   la reclusa leal,
rendió a Dios la alma,   nunca más sintió mal.

CLXXVIIIc- *Sofrir*. Aquí «permitir», «consentir», en tanto que
en el v.d «aguantar», «soportar».
CLXXIXb- *Boca de noche era*, «estaba anocheciendo», «empeza-
ba a anochecer». Según Deyermond *(Historia de la Literatura*, p.
119), *noche* significa metafóricamente «muerte», y la locución
indica la inminente muerte de Oria. Pienso, sin embargo, que
la finalidad de la frase es decirnos la hora aproximada en que
muere Oria. Nótese que todos los acontecimientos del poema se
localizan en el tiempo, dando el mes, el día y la hora aproxima-
da en que ocurren; cfr. XXVIII-XXIX; CXVII-CXX (falta en
la Tercera Visión por haberse perdido el fol. CIX') CLXIV y CXC-
CXCI. El episodio de la muerte de Oria se encabeza, como los
demás, con una cuaderna (CLXIV) que nos dice el mes, el día
y la hora en que cae enferma, el 12 de marzo a mediodía; pero
la hora de su muerte sólo podemos deducirla de la locución
(a)boca de noche era, «estaba anocheciendo», lo cual concuer-
da con los datos de una tablilla cronológica, en la que se dice
que Santa Oria muere ORA NOCTIS PRIMA (vid. Uría, *Oria*

CLXXXI [178]
Avié buenas compañas   en essi passamiento,
el buen abat don Pedro,   persona de buen tiento,
monges e ermitaños,   un general conviento,
éstos *fazién* obsequio   e todo complimiento.

CLXXXII [179]
Fue esti sancto cuerpo   ricamente guardado,
en sus paños de orden   *ricament* aguisado,
fue muchas de vegadas   el psalterio rezado,
non se partieron delli   fasta fue soterrado.

CLXXXIII [180]
Si entender queredes   toda çertanidat,
do yaze esta dueña   de tan grant sanctidat,
en Sant Millán de Suso,   ésta es la verdat,
fáganos Dios por ella   merçed e caridat.

CLXXXIV [181]
Çerca de la iglesia   es la su sepultura,
a pocas de passadas,   en una angustura,
dentro en una cueba,   so una piedra dura,
como *meresçié* ella,   non de tal apostura.

CLXXXV [182]
La fija e la madre,   ambas de sancta vida,
como ovieron siempre   grant amor e complida,
en la muerte y todo   non an cosa partida,
çerca yaze de Oria   Amuña sepelida.

Emilianense, p. 322). La frase cumple, así, una doble función
informativa y formal, pues, al tiempo que nos dice la hora de
la muerte de la Santa cumple con la norma seguida en todos
los demás episodios, los cuales localizan los acontecimientos, no
sólo en un determinado mes y día, sino también en una hora
aproximada.

CLXXXIb- *Don Pedro*, último abad de Suso, que gobernó este
Monasterio desde 1062 a 1072, o más tarde, al mismo tiempo
que en el nuevo Monasterio de Yuso gobernaba don Blas.

CLXXXVc- *En la muerte y todo*, «incluso en la muerte». Que
sepamos, la locución adverbial *y todo*, «incluso», «también», no
está documentada para la Edad Media. A. Castro y S. Gili (… «Y

CLXXXVI [183]

Cuerpos son derecheros, que sean adorados,
ca sufrieron por Christo lazerios muy granados;
ellas fagan a Dios ruegos multiplicados,
que nos salve las almas, perdone los pecados.

CLXXXVII [185]

Aún no me querría, señores, espedir,
aún fincan cosiellas que vos e de dezir;
la obra començada bien la quiero complir,
que non aya ninguno por qué me escarnir,

CLXXXVIII [186]

Desque murió la fija, sancta emparedada,
andava la su madre por ella fetillada,
solo que la podiesse soñar una vegada,
teniése por guarida e por muy confortada.

---

todo», RFE, IV, 285-89) señalan la frecuencia de esta expresión,
tanto en la época clásica como en la actual, pero no la regis-
tran en la Edad Media; tampoco Corominas (DCELC, s.v. Todo)
lo hace.

CLXXXVIcd- Versos que sirven de cierre a la Sexta Parte del
poema; comp. con IXcd, en donde ocurre una fórmula análoga
para cerrar el Prólogo.

CLXXXVII Perry *(Art and Meaning,* p. 16) y Walsh *(A Possible
Source,* pp. 300-1) han interpretado esta cuaderna y lo que sigue
como un «apéndice», añadido después de cerrado el poema en
la c. 184 (CCV). Creemos que la c. 184 debía ir al final del poema
en el texto original, y así la hemos situado en nuestra reordenación,
con lo cual desaparece ese «falso cierre» entre el episodio de la
muerte de Oria y la aparición de ésta a su madre. La finalidad
de este último episodio es dar testimonio de la salvación de Oria
y, por tanto, del cumplimiento de la promesa de la Virgen. Si,
como pensamos, el episodio ya estaba en la Vida latina (vid. pp.
24-26 de la Introducción), es obvio que no se trata de una adición
personal de Berceo; pero aun si no estuviese, no podríamos verlo
como un «apéndice», añadido por Berceo después de cerrado el
poema, sino como una parte integrante de éste, prevista en el
planteo general de la obra y, por tanto, implicada en lo que le
precede. La fórmula *Aún non me querría señores espedir...* es
frecuente en Berceo, quien la usa para pasar de una cosa a otra;
cf. S. Mill., c. 109ab, c. 318c, c. 320; S. Dom., c. 387, etc...
(Para más argumentos y razones, vid. Uría, *El Poema,* pp. 112-

CLXXXIX   [187]

Sopo Dios entender	bien el su coraçón,
demostról a Amuña	una gran visïón,
que sopo de la fija	qué era o qué non;
aún esso nos finca	de todo el sermón.

EPÍLOGO

CXC   [188]

Cayó una grant fiesta	un día señalado,
día de *cincuësma*	que es mayo mediado,
ensoñó esta dueña	un sueño deseado,
por qual *muchas vegadas*	ovo a Dios rogado.

CXCI   [189]

Cantadas las matinas,	la liçençia soltada,
que fuesse quis quisiesse	folgar a su posada,
acostósse un poco	Amuña bien lazrada,
e luego ensoñó	la su fija amada.

CXCII   [190]

Abrazáronse ambas	como *fazién* en vida.
«Fija, dixo la madre,	avédesme guarida,
quiero que me digades	quál es vuestra venida,
o si sodes en pena	o sodes *end* salida».

14; también *El poema de Santa Oria. Cuestiones.)* Así, esta cua-
derna y las dos siguientes sirven de transición al episodio final
que llamamos Epílogo. En la CLXXXVIII Berceo retoma el hilo del
relato en el punto en que lo había dejado, antes de darnos la
noticia del lugar en que está enterrada Amunia, y en los ver-
sos c,d preludia ya la visión de la madre de Oria. La CLXXXIX
sirve de encuadre a esta visión, y, lo mismo que en los casos an-
teriores, los pretéritos *sopo, demostróli*, etc. son inceptivos, intro-
ductorios de la visión que se relata a continuación.

    CXCIIc- *Qual es vuestra venida*, «a qué habéis venido».

    d- *O si sodes en pena*, «y si estáis en pena». (Para el valor
copulativo de la conj. *o*, vid. DCELC, s.v. O.) El mismo valor tie-
ne en CXCVIIc.

Sepulcro de Santa Oria en San Millán de Suso

Çerca de la iglesia   es la su sepultura,
... ...
dentro en una cueba,   so una piedra dura,
S.Or., CLXXXIVac

Detalle del cenotafio de San Millán.
Posiblemente Santa Oria y su madre Amunia

Tú mucho te deleitas   en las nuestras passiones,
de amor e de grado   leyes nuestras razones,

S.Or., XXXVIIab

CXCIII [191]

«Madre, dixo la fija,   fiesta es general,
como Resurrectión   o como la Natal;
oy prenden los christianos   el Çevo Spirital,
el Cuerpo de Don Christo,   mi Señor natural.

CXCIV [192]

Pascua es en que deven   christianos comulgar,
reçebir Corpus Domini   sagrado *en altar*.
Yo essi quiero, madre,   resçebir e tomar,
e tener mi carrera,   *allá quiero* andar.

CXCV [193]

Madre, si bien me quieres,   *pro* me quieres buscar,
manda llamar los clérigos,   vénganme comulgar,
que luego me querría   de mi grado tornar,
e nin poco nin mucho   non querría tardar».

CXCVI [194]

«Fija, dixo la madre,   ¿dó vos queredes ir?»
«Madre, dixo la fija,   a los Çielos sobir».
«Sin razón me *fazedes*,   quiérovoslo dezir,
que tan luego queredes   de mí vos despartir.

CXCVII [195]

Mas, fija, una cosa   vos quiero demandar:
Si en el passamiento   resçibiestes pesar,
o si vos dieron luego   en el Çielo logar,
o vos fizieron ante   a la puerta musar».

CXCIIIa- Oria responde a la primera pregunta de las dos que
le hace su madre, en CXCIIcd.

CXCIVa- *Pascua*. Se refiere a la Pascua de Pentecostés, en la
que, junto con la Pascua de Resurrección y la de Navidad, la co-
munión fue obligatoria desde el Concilio de Agde (506) hasta el
IV Concilio Lateranense (1215), que limitó la comunión obligato-
ria a sólo una vez al año, por Pascua de Resurrección.

CXCVIId- *Musar*, «esperar», «aguardar». Una recopilación de
las opiniones sobre el sentido y origen de este verbo, puede verse
en mi estudio *En torno al significado*. Vid., también, González
Ollé, *Observaciones filológicas*, pp. 101-9.

cxcviii [196]
«Madre, dixo la fija,   en la noche primera
non entré al palaçio,   non se por qual manera;
otro día mañana   abrióme la portera,
resçibiéronme, madre,   todos por compañera».

cxcix [197]
«Fija, en essa noche   que entrar non podiestes
¿quién vos fizo compaña   mientre fuera *soviestes?*»
«Madre, las sanctas vírgines   que de suso oyestes,
sovi en tal deliçio   en qual nunca oyestes.

cc [198]
La Virgo Glorïosa   lo que me prometió,
Ella sea laudada,   *ca bien* me lo guardó,
en el mi passamiento   de mí non se partió,
de la su Sancta Graçia   en mí mucha metió».

cci [199]
«Otra cosa vos quiero,   mi fija, preguntar:
En qual compaña sodes   fazétmelo entrar».
«Madre, dixo la fija,   estó en buen logar,
qual nunca por mi mérito   non podría ganar.

ccii [200]
Entre los inocentes   so, madre, heredada,
los que puso Erodes   por Christo a espada.
Yo non lo merezría   de seer tan honrada,
mas plogo a don Christo   la su virtut sagrada».

cciii [201]
Estas palabras dichas   e muchas otras tales,
Oria, la benedicta,   de fechos spirituales,
fuyóli a la madre   de los ojos corales;
despertó luego ella,   mojó los lagremales.

cxcviiic- *Otro dia mañana,* «a la mañana siguiente».
cxcixd- *Sovi,* Pretérito fuerte de *sedere.*
cciiic- *Ojos corales,* «cordiales, del corazón». Ya en prensa este
trabajo, el profesor D. Manuel Alvar me envió una separata de su
«Un hapax legomenon de Berceo: coral "corporal" (S. Or. 203c)»

(Festchrift Kurt Baldinger zum 60. Geburststag. 17 November, 1979, 673-678), en el que llega a la conclusión de que *ojos corales* son los "ojos corporales, de la cara", explicando el paso cor(po)ral> coral por exigencias del metro. Naturalmente, la autorizada opinión del prof. Alvar me obliga a justificar la mía propia, apoyándola, ya no sólo en bases etimológicas (Vid. a este respecto DCELC, s.v. Corazón), sino, sobre todo, en la función que cumple el sintagma *ojos corales* dentro de —y en relación con— el contexto, en el que está inserto. Debo decir, ante todo, que coincido plenamente con el prof. Alvar en que los significados propuestos por el *Tentative Dictionary* (s.v. *coral,* "bondadoso") y por Lanchetas *(Gramática,* s.v. *corales:* «Oria se apartó de la vista de la madre, que la miraba con placer») no son aceptables. Por otra parte, tampoco veo ninguna dificultad en admitir el paso corporales> corales, tal como lo explica Alvar. Pero la dificultad la veo en que el significado de "ojos corporales" no conviene —en mi opinión— al sentido global del contexto. Recordemos primeramente que todas las visiones que se narran en el *Poema de Santa Oria* ocurren durante el sueño. Berceo, en efecto, se cuida de puntualizar esta circunstancia que precede a las visiones (cfr. XXIXcd, CXX, CXLIIab, CLXVIIab, CXCc, CXCIcd), y muy especialmente lo hace en la segunda visión de Amuña, en la que expresamente declara: «*ensoñó* esta dueña un *sueño* deseado/ por qual muchas vegadas ovo a Dios rogado» (CXCCcd), y «acostósse un poco Amuña bien lazrada/ e luego *ensoñó* la su fija amada» (CXCIcd). Es claro, pues, que Amuña está dormida y que su hija se le aparece en sueños; por tanto, no la ve (no puede verla) con los "ojos corporales", ya que éstos están cerrados. Cabe entonces preguntar con qué ojos la ve. Creo que sólo hay una respuesta, y es con los "ojos del espíritu"; así, el verso «fuyóli a la madre de los ojos corales» vale como decir: "la imagen de Oria desapareció de la mente de su madre"; en otras palabras, "terminó la alucinación o sueño de Amuña". Y, en efecto, en el v.d, Berceo nos dice: «*despertó* luego ella, mojó los lagremales», en donde parece claro que el lexema *lagremales* —especie de metonimia por ojos— se contrapone contextualmente al sintagma *ojos corales,* en cuanto que aquél hace referencia a un objeto material, concreto: "los ojos del cuerpo", mientras que éste, perifrástico y metafórico, remite a un concepto abstracto, inmaterial: "los ojos del espíritu". Creo, en suma, que con la imagen *ojos corales* Berceo señala el carácter espiritual, no material o corpóreo, de la visión de Amuña, pues, aparte de las razones aducidas (Amuña sólo ve a su hija en sueños), si el poeta se refiriese a los "ojos del cuerpo" habría utilizado calificativos inequívocos, como *mortales* o *carnales,* perfectamente aptos para el metro y la rima, y ambos de uso frecuente referidos al hombre, especialmente el segundo, como apunta el propio Alvar (p. 676). Por tanto, la elección de *corales,* en vez de

cciv [202]
Vido sin éstas otras   muy grandes visïones,
de que *formarié* omne   assaz buenas razones,
mas tengo otras priesas   de fer mis cabazones,
quiero alçarme desto   fasta otras sazones.

ccv [184]
Gonçalo li dixieron   al versificador,
que en su portalejo   fizo esta labor;
ponga en él su graçia   Dios el Nuestro Señor,
que vea la su Gloria   en el Regno Mayor. Amen.

---

mortales o *carnales,* supone, lógicamente, un propósito deliberado de señalar de alguna manera que la visión de Amuña no es de naturaleza sensible, sino ideal, espiritaul. Nótese que el poeta no podía utilizar el adjetivo *spiritales* porque rebasaría la medida del hemistiquio, aparte de que tal adjetivo ya está en rima, en el verso anterior. Queda el problema de la sinonimia o equivalencia entre *ojos corales* ("del corazón") y ojos *espirituales,* o, más exactamente, la relación significativa entre *corazón, espíritu, alma.* Esta correspondencia la encontramos en los textos de las Sagradas Escrituras, en los que *corazón* (heb. *leb)* tiene un sentido mucho más amplio que en nuestra lengua, pudiendo traducirse, según el contexto, por "espíritu, alma, mente" (vid., entre otros, *Vocabulario de Teología Bíblica,* por X. León-Dufour. Barcelona, 1965, s.v. Corazón; y *Diccionario de Teología Bíblica,* por J. B. Bauer. Barcelona, 1967, s.v. Corazón). Así, en los textos sagrados, se registra el sintagma «ojos del corazón»: «illuminatus *oculos cordis* vestri» (Ef. 1,18. Biblia Vulgata), en donde es evidente que *corazón* resulta sinónimo de *espíritu,* lo mismo que en S. Or. CCIIIc.

ccvb- *Portalejo.* Para el discutido significado de esta voz, vid. García de la Concha, *Los Loores,* pp. 135-41.

APARATO CRÍTICO

ɪvd) *avié* auja, hemistiquio hipermétrico. La desinencia -ié en los imperfectos de los verbos en -er y en -ir (excepto en la 1.ª persona) y del condicional de todos los verbos es la más frecuente en los poemas de Berceo, como se ve en el S. Dom. del Ms. S. Cfr. también S. Or. (LXXI) *ganariémos* en rima con *mereciemos, fiziemos,* y *quisiemos;* además (CLId) *bien* en rima con *sedian, entendian* y *avian* que obliga la desinencia -ién a los tres verbos. Vid. Hanssen, *Sobre la formación del Imperfecto;* Alvar, *Apolonio,* I, págs. 339-42; Pidal, *Cid,* I, págs. 272-75 y 287-88; Ruffinatto, *La lingua,* págs. 115-18. A partir de aquí los hemistiquios hipermétricos o hipométricos se señalarán solo hiper- hipo-, respectivamente.

va) *diz* dize, hiper. Las formas con apócope son muy frecuentes en las obras de Berceo. Vid. Lapesa, *La apócope,* págs. 185-226; Alvar, *Apolonio,* I, págs. 72-79 y 334; Ruffinatto, *Sillavas cuntadas,* págs. 25-43; b) *elección* oración. El sentido exige *elección,* como anota Sánchez y corrobora María Rosa Lida (*Notas,* 20).

vɪɪa) *dirié* diria, hiper.

vɪɪɪc) *aviégelo* auja gelo, hiper-; d) *querrié* querria, hiper.

ɪxc) *el Reï* el buen Rey. En los poemas de Berceo *rey* es, normalmente, bisílabo, y sólo es monosílabo cuando se encuentra en hemistiquios de seis sílabas, de los que no se puede suprimir nada, sin que se altere sustancialmente el sentido de la frase. En este hemistiquio, *buen,* calificando a

Dios, es, evidentemente, superfluo. Trato más por extenso
esta cuestión en *El Poema* (págs. 49-50) donde registro las
ocurrencias de *rey*, monosílabo y bisílabo, en S. Mill. y S. Dom.

xa) *nos mucho* mucho, hipo. El recurso de completar
la medida de los hemistiquios, mediante la adición de pro-
nombres pleonásticos es muy frecuente en los versos berce-
anos; para *nos*, cfr. SOr. XXIIIc, LXXIab, XCIc; S.Dom. 48a,
155bd, 364c, 537d; *yo* S.Dom. 235c, 338b, 341ac, 376c, 448d,
etcétera; *lo* 47d, 71a, 93ab, 258c, etc.; *le/li* 17d, 26d; *les/lis*
67d, 278a, 297a, etc; *la* 298a, 330d; *las* 436b, etc. Lemartinel
(Reseña) sugiere completar el hemistiquio con *muy* en lugar
de *nos*. Ciertamente, cabe cualquiera de las dos correcciones,
dado que ambas se registran en los poemas de Berceo.

xiiia) *vivién* ujujan, hiper.; b) *cascuno* cada vno. hi-
per. Para *cascuno* cfr. S.Dom. 394d, 503d; Sacrif. 180a, etc.

xiva) *querién* querian, hiper.; b) *ponién* ponjan, hi-
per.; c) *avién* aujan, hiper.; d) *ponién* ponjan, hiper.

xvc) Que para el su serujçio fuesse / que para ál non.
Verso hiper. y con cesura detrás de la 10.ª sílaba. Se corrige
el 1.º hemist. transponiendo el orden de los sintagmas, hacien-
do apócope en el verbo y sustituyendo *para* por *a* que, con
frecuencia, cumple las mismas funciones de finalidad o des-
tino, cfr. S.Dom. 644b; Milag. 314b, 354c, 740ab; Sig. 68a, etc.
El 2.º hemist. se reajusta sustituyendo *ál* (otra cosa), por el
indefinido *otri* (otra persona), cfr. S.Dom. 52ab, 140b, 571c,
etcétera. Lida, *Notas*, págs. 23-24, corrige también este verso,
reduciéndolo a las 14 sílabas, mediante la contracción de *pora*
con *el*, en 1.º hemist., y con el indefinido *ál* en el 2.º Sin em-
bargo, como no cambia el orden de los sintagmas, la cesura
o pausa hemistiquial cae, realmente, detrás de la 9.ª sílaba,
por lo que, en rigor, el verso sigue siendo irregular, con un
ritmo anómalo, inusitado en los poemas de Berceo.

xvia) *diz* dize, hiper.

xviic) *fazié* fazia, hiper.; d) *sedién* estauan, hiper. En
los poemas de Berceo, las formas derivadas de *sedere* se
usan muchas veces con el valor de Estar, cfr. S.Dom. (Ms.S)

souo 49b, 73a, 163a, etc.; *sedié* 68c, 319b, 562a, etc.; *sedemos* 152d; *sedién* 482b, 524a, 566c, etc. Además, S.Or. *seo* CVIc; *sedién* CLIa; *sodes* CCIb.

XVIIIb) *ponié* ponja, hiper.; d) *vierbos* palabras, hiper. *Vierbos* es la forma más frecuente en la lengua del Ms.Q y en Ms.S; cfr. Milag. 60d, etc.; S.Dom. 227d; en singular, Milag. 657a, y S.Or. CXXXIIa.

XIXd) podrian ualer pocos dineros los sus peannos. Verso hiper. y sin cesura. Con la transposición del orden de los sintagmas y la desinencia -ién reaparece la cesura y se reajusta el metro. Se obtiene así una de las construcciones hiperbáticas más características de las perífrasis verbales berceanas, en las que por necesidades del metro, el ritmo y/o la rima, suele ponerse alguna clase de complemento (o el sujeto en otros casos) entre los verbos auxiliar y principal, cfr. S.Or. IId, XIVa, XLIVd, CXLId, CXLIVd, CLIIab, CLXd, CLXIIb, etc.

XXc) *sufrié* suffria, hiper.; *vivié* ujuja, hiper.; d) *ond* onde, hiper.

XXIIb) *plazié* plazia, hiper.; c) *faziénli* fazian li, hiper.; d) *salié* salia, hiper.

XXIIId) *sen* el seso, hiper. Para la elisión del artículo detrás del adj. todo-a, cfr. S.Dom. 10b, 24c, 41c, 45a, 61c, 227c, etc.; para *sen* cfr. S.Dom. 519b; Milag. 225b, 707b, etc. La sustitución de *menester* por *mester* satisface al metro, pero no al ritmo, ya que la cesura caería entre el adj. *todo* y el sust. *el seso,* lo que resulta forzado.

XXIVb) *yazié* yazia, hiper.; c) *avié* auja, hiper.

XXVb) *humilidat* humjldat, hipo. Para *humilidat* cfr. S. Dom. 10b. Estas formas latinizantes son frecuentes en Berceo, cfr. *benedicta* S.Or. CXc, CXXXIIIa; S.Dom. 63a, etc.; c) non amaua oyr / palabras de uanjdat. El 2.° hemist. es hiper. Para la inclusión del complemento entre los verbos auxiliar y principal, vid. nota a la XIXd. Dutton, *(Reseña),* señala la conveniencia de regularizar el metro sustituyendo *palabras* por *vierbos,* en virtud de la aliteración *vierbos de vanidat.* Esta solución, ya apuntada por mi (*El Poema,* p. 41), es, evidentemente, válida. Sin embargo, la que proponemos marca más la cesura, al generar una pausa hiperbática, como allí señalé. La elección de una u otra posibilidad depende, pues, de que se conceda primacía a la aliteración, o al ritmo.

xxvib) *teniéla* tenjala, hiper.; c) *fazié* fazia, hiper.

xxviic) *devién* deujan, hiper.; d) *podrién* podrian, hiper.

xxviiid) *parez* pareçe, hiper. También se puede reajustar haciendo apócope en *ond.*

xxxid) *mucho más* mas, hipo. La anteposición de *mucho* al comp. *más* acentúa la superioridad, cfr. S.Or. CXXXIIIb.

xxxiid) *luzién* luzian, hiper.; *tant* tanto, hiper.

xxxiiib) *tenién* tenjan, hiper.; d) *paresçié* paresçia, hiper.

xxxiva) *yazié* yazia, hiper.; c) *Sancto Spíritu* Spiritu Sancto, hiper. Para *Sancto Spiritu* cfr. Loor. 129c y 208b.

xxxvb) *Olalia* Eolalia, hiper. Excepto en este caso, *Olalia* es la forma con que aparece siempre este nombre en el poema, cfr. XXXd, XXXIXa, XLIa, LIIb; además, S.Dom. 637c (única vez que ocurre este nombre); S.Mill. 116a. Lida (*Notas,* págs. 28-29) propone restituir la forma Eolalia para las obras de Berceo, excepto en S.Or. LIIb, viéndose obligada a realizar una serie de correcciones para reajustar la medida de los hemistiquios. En realidad, la forma generalmente usada, en el romance del siglo xiii, era Olalia, tanto en la onomástica, como en la toponimia. Trato esta cuestión, por extenso, en *El Poema,* págs. 43-44.

xxxvia) *Oria, nuestra hermana* nuestra hermana, hipo. El vocativo *Oria* también ocurre en XXXVc; vid. también XLd, en donde el vocativo *fija* se intercala entre dos oraciones.

xxxviiia) *avié* auja, hiper.; d) *serié* seria, hiper.

xxxixd) *sobir los Çielos* sobir a los çielos, hiper. Las construcciones de infinitivo con verbos de movimiento unas veces llevan preposición, como en S.Or. XLVab, LXVIIIb, y otras no la llevan, como en S.Or. Ib, XXXVIa, LXVIIa, CXXXIIId, etc., vid. también Pidal, *Cid*. I, págs. 349-50; Alvar, *Apolonio*, I, págs. 411-12. Concretamente, *sobir* se documenta sin preposición, por ejemplo Apol. *altas mares sobir*, 104b. Dutton *(Reseña)* considera más probables las lecciones *ir a los Cielos*, o *sobir al Cielo*. Ninguna de las dos nos satisface. En la primera, el empleo de *ir* en vez de *sobir*, desdice con el sentimiento de elevación, ascensión, o altura, claramente explícito en todos los sintagmas que aluden al Cielo, cfr. XLIc, XLIVd, LIId, LIIIad, CVIIa, CIXb, etc. La segunda conserva la preposición a costa de poner en singular *Cielos*. Ahora bien, en el poema el sust. *Cielo* ocurre seis veces en singular (XXVIIb, XXXIIIa, XLIXc, LIVa, CIIIc y CXLIVd), frente a doce veces en plural (Vd, XXVId, XXXVIc, XXXIXb, XXXIXd, XLIc, XLIVb, LIIIa, CVIIa, CIXb, CXXXIIIa, y CXCVIb), con la particularidad de que cuatro de las seis veces que ocurre en singular viene obligado por el metro (XXVIIb, XXXIIIa, CIIIc, CXLIVd) y una por la rima (LIVa: *entraron por el Çielo que avierto estava*, donde *estava* rima con *morava, aguardava* y *preçiava*). En cuanto al caso de XLIXc *(vidieron en el Çielo)* se podría argumentar que las ventanas abiertas *(finiestras foradadas)* no están, en rigor, en los Cielos, sino más bien en la bóveda celeste, lo que no es lo mismo; pero aun admitiendo la equivalencia, sería un solo caso en que el poeta eligió libremente el singular Çielo. Frente a esto, tenemos que, de las doce veces que la palabra ocurre en plural, solamente en tres casos viene —relativamente— condicionada por el metro (XXXVIc, XLIc, LXXXa). En todos los demás casos, el poeta hubiera podido elegir *Cielo*, sin detrimento alguno, ni del metro, ni de la rima. La elección libre de *Çielos* en nueve casos, frente a un solo caso de *Çielo*, no condicionado ni por el metro, ni por la rima, demuestra una marcada preferencia del poeta por la forma en plural. Por lo demás, esta forma no debe extrañar, dado el concepto medieval del Cielo, como un complejo conjunto de comarcas o mansiones, tal como se representa en el mismo poema. Todas estas razones nos llevan a conservar el sintagma del manuscrito, omitiendo sólo la prep. *a,*

cuya adición por los copistas se explica más fácilmente que
el cambio *ir a los Çielos,* o *sobir al Çielo* por *sobir a los
Çielos.*

xLa) *est* este, hiper.; c) *non serás* non seas. El sentido
pide el futuro de indicativo en vez del presente de sub-
juntivo. Ya Amador de los Ríos, al copiar esta cuaderna (*His-
toria crítica,* III, pág. 263) corrigió la lección del v.c., susti-
tuyendo *seas* por *serás.* La forma *seas,* que se repite en el
Ms. I y en Sánchez, parece un simple descuido de los copis-
tas.

xLIa) *est* este, hiper.; b) *arriba ond*   ariba onde, hiper.
Sánchez, *arriba;* Ms.I respeta la lección *ariba,* pero es in-
dudable que se trata de una errata del copista de F.;
d) *tant* tanto, hiper.

xLIIa) *avié* auja, hiper.

xLIIIa) *durmié* durmja, hiper.; c) *aquesta* a esta. La
lección *a esta reluzia* se repite en Ms.I y en Sánchez. Sin em-
bargo, debe tratarse de un error del copista por salto de
/qu/. Para *aquesta* cfr. S.Or. LVd; S. Dom. 239b; Sacrif.
94a; Loor. 19b, 166b, etc. Lida (*Notas,* 25) propone también
la lección *aquesta* y señala un error análogo en Sacrif. 82cd.
En cuanto a la enmienda propuesta por Sánchez Ruipérez
(*Un pasaje de Berceo,* pág. 384), *e ésta,* opino que —como
ya señaló M.ª Rosa Lida—, un verso, comenzando por la
conj. *e* seguida del pron. *ésta* es insólito en los poemas de
Berceo; d) *estonz* estonçe, hiper.

xLIVa) *palomba* polonba. La forma *polonba* tiene que
ser error del copista, pues todas las veces que ocurre esta
palabra en el poema es en la forma *palonba,* cfr. XXXIIIbd,
XLb, XLIXb, LIIc. También Milag. 36c, 599c, 600a; Sacrif.
7b, 21a, 122b; S.Laur. 87d. Tanto Ms. I como Sánchez *pa-
lonba;* c) *irié* iria, hiper.; d) *podié* podia, hiper.

xLVc) *cató don Oria* don Oria cato, hiper. Otra posi-
bilidad sería apocopar *quando.*

xLVIc) *vidieron* vieron. La pronunciación con diéresis
de *vïeron* resulta muy violenta, por tanto, viene mejor la for-

ma plena *vidieron,* registrada en el mismo poema, LId, CXLVd, y en los otros poemas de Berceo: S.Dom. 115b, 286b, 383d, 403d, 673a; Milag. 111c, 402c, 511a, 907a; Sacrif. 125b, 272d, 273a, etc. Además, en S.Or. tenemos siempre la forma *vido* y nunca *vio.*

XLVIIb) *fazié* fazia, hiper.; c) *tenié* tenja, hiper.; d) *valié* ualia, hiper.

XLVIIIb) *est* este, hiper.; d) *abién* abian, hiper.

XLIXc) *vidieron* vieron, vid. n.XLVIc.; d) *salién* salian, hiper.; *de dur serién* de duro serian, hiper.

LIIIb) *fazié* fazia, hiper.; c) *avié* auja, hiper.; d) *subrié* subria, hiper.

LIVb) *cort* corte, hiper.

LVd) *de aquesta calaña* daquesta su calanna. El posesivo *su* debe suprimirse, ya que *calaña* (=semejante, igual) aquí es adjetivo, como en IXc, cuya construcción es análoga a la de este verso. Comp. también con Milag. 700cd, que nos ofrece un caso similar, no sólo por la construcción, sino también por el sentido. Otros casos en los que *calaña* funciona como adjetivo y, por tanto, no lleva el posesivo *su,* los tenemos en S.Dom. 273d y Milag. 159ab. La supresión de *su* permite, además, deshacer la contracción y restituir *de aquesta.* Aunque no lo corrijo en el texto, señalo aquí que en el primer hemist. la correspondencia de los tiempos exige la forma *vidiera,* como en LVIIIb; esta forma alarga el hemistiquio, pero puede reajustarse cambiando *cosa* por *ren,* y transponiendo el orden de los sintagmas: *ca nunca ren vidiera,* evitando de esta manera, además, la repetición de *cosa* en los versos c y d. También se podría suprimir la conj. causal *ca,* quedando las oraciones de los versos c y d yuxtapuestas: *semejoli a Oria una cosa extraña / nunca vidiera cosa de aquesta calaña.*

LVIIb) *calonges* colonges. Ms.I *calonges;* Sánchez *colonges.* Es errata del copista.

LVIIIa) *reclusa* fija, hipo., cfr. LXIVa que repite la misma fórmula. Por otra parte, el nombre *fija*, referido a Santa Oria, sólo ocurre en el poema en función de vocativo, solo, o acompañado del posesivo *mi*, del apelativo cariñoso *querida,* o de ambos juntos; cfr. XXXIXa, XLad, LVIIa, CIXc, CXc, CXXIIId, CXXXVcd, CLXXVb, CXCIIb, CXCVIa, CXCVIIa, CXCIXa y CCa; cuando Berceo la nombra en relación con los padres CLXVIIIc, CLXXIIc, CLXXXVa, CLXXXVIIIa, CXCId; y con los *verba dicendi,* en los diálogos entre Santa Oria y Amuña, v.gr. *dixo la madre, dixo la fija,* CLXXVIa, CXCIIIa, CXCVIab, CXCVIIIa, CCIc.

LIXd) *sabié* sabia, hiper.

LXd) *avié* avia, hiper. Desde esta cuaderna hasta la LXXV, ambas inclusive, transcribo por el Ms.I, ya que al Ms. 4b de la R.A.E. le falta un folio (Fol. CV).

LXIa) *vestién* vestian, hiper.; c) *en las diestras* en diestras, hipo. También Sánchez *las diestras.* Con la reposición del artículo los versos b y c tienen una construcción paralela: *blagos en las siniestras / cáliçes en las diestras.*

LXIIb) *grant* grande, hiper.

LXIIIb) *end* ende, hiper.; c) *refirién* reffirian, hiper.

LXVc) *mucho* mui, hipo. Restituyo la forma plena *mucho,* en vez de aceptar la escansión *muï,* tal como propone Pidal (*Cid,* I, pág. 164), basándome para ello en lo que dice Corominas sobre la evolución de *mucho* (DCELC. s.v. Mucho) y en la frecuencia de esta forma en el Ms.S, en contextos en que hoy emplearíamos *muy;* cfr. S.Dom. 11d, 28a, 277b, 309d, 327d, 525c, 556a, y en el mismo S.Or. LXXIIa. La sustitución de *llana* por *villana,* propuesta por Dutton *(Reseña),* estaría de acuerdo con la opinión, muy extendida, que —a causa de su implicación en el enfrentamiento entre Sto. Domingo y el rey García de Nájera—, ve a don Gómez como un mal obispo, en sentido riguroso, interpretando, en consecuencia, la c. LXV de S.Or. como una acusación directa de su vileza. Pero lo que el texto señala es, simplemente, que don Gómez, aunque llegó a obispo *(pero que traxo mitra),* no fue persona relevante o sobresaliente por sus virtudes, sino más bien mediocre *(cosa muy llana)*, por lo que no fue merecedor de un lugar privilegiado en el Cielo, entre otros obispos que destacaron por su virtud y santidad. Pensamos, por tanto, que el texto, tal como se halla, tiene un sentido propio, muy claro, que no tenemos derecho a desvirtuar. En cuanto a la grafía /sc/ por /x/ para *traxo*, que propone Dutton *(Reseña)*, no es más que el desdoblamiento de la /x/ en sus dos consonantes /cs/ con trastrueque de las mismas, como ocurre en VIXI, visco, etc. Vid. Pidal, *Gramática*, pág. 320 y Alvar *El dialecto*, pág. 59.

LXVIIb) *fueron a abraçarla* fueron abraçarla. Se restituye la prep. *a*, sin duda omitida por un fenómeno de haplología; c) *tenién* tenian, hiper.; *cueres* coraçones. Para *cuer, -eres* cfr. S.Mill. 102c, 103a, 116b, 416b; Sacrif. 80b, 169c; S.Dom. 95d, etc.; d) *avié* avia, hiper.

LXVIIIa) *embargada* encargada. Ms.I *encargada;* Sánchez *embargada*. Errata del copista.; b) *tenié* tenia, hiper.;

LXIXa) *Reï de Gloria* Rey de la Gloria. Rey, en Berceo, es, normalmente, bisílabo, y sólo es monosílabo cuando se encuentra en hemistiquios de seis sílabas, de los que no se puede suprimir nada, sin que se altere sustancialmente el sentido de la frase. Trato esta cuestión por extenso en *El Poema* (págs. 49-50), en donde analizo todos los hemistiquios en los que ocurre el sust. rey, en los poemas de *Santo Domingo* y de *San Millán*, con el fin de determinar el valor bisílabo, o monosílabo, de este sustantivo, en cada caso concreto.; b) *fincarié* fincaria, hiper.; d) *de reçevir* para recevir, hiper. Para de + infinitivo cfr. CIVbd, en donde el texto es equivalente al de LXIXd, comp. *tiempo de habitar* CIVb, *tiempo de cobrar* CIVd, *tiempo de reçevir* LXIXcd. Dutton *(Reseña)* propone corregir el hemistiquio, *pora prender soldada*, en base a las analogías entre S.Or. LXIXd y *Milagros* en F y en I=Q (Dutton no da la cuaderna de la lección de *Milagros*, pero sospechamos se refiere a 136d). Nuestra posición con respecto a la sustitución sistemática de lecciones de F por lecciones de I=Q, queda expuesta en las págs. 47-51.

LXXc) *Oria mucho* mucho, hipo.; cfr. XXXVIa; d) *pora esta* para en esta, hiper.

LXXIb) *que nos somos* que somos, hipo. Para la adición del pronombre comp. XXIIIc, XCIc, y el 2.º hemist. de este mismo verso. Para el uso de los pronombres pleonásticos en Berceo, vid. nota Xa. También podría reajustarse el hemistiquio sustituyendo *somos* por *sedemos* (vid. nota XVIId). No obstante, prefiero la primera corrección, pues con ella se obtiene un paralelismo entre los dos hemistiquios.

LXXIIa) *ant* ante, hiper.

LXXIIIa) *mucha* muy, hipo., vid. nota LXVc y comp. con LXXIIa; d) *mucho* muy, hipo. También podría reajustarse el hemistiquio anteponiendo el título de *don* a *Oria*, como en XLIVc, XLVc, LIIa.

LXXVIIId) *non podió veerla* ueer non la podio, hiper. comp. CVc.

LXXIXb) *podié* podia, hiper.

LXXXIa) *vedié* vedia, hiper.; b) *podrié* podria; *est* este, hiper. d) *podrié* podria, hiper.

LXXXIIb) *avié* auja, hiper.; c) *darié* daria, hiper.; d) *serié* seria, hiper.

LXXXIVb) *don Monio* Monio. Como *dixieron* es siempre trisílabo, el hemistiquio es corto. Se antepone el título de *don*, como lo vemos ante otros personajes, cfr. LVIIId, LXIVbc, LXVb, CXLVIb; d) que de Ualuanera fue abbat consagrado. Verso irregular, métrica y rítmicamente, pues no está claro donde ha de ponerse la cesura; si la ponemos delante de *fue*, el 1.º hemist. queda corto, y, si la ponemos detrás, el 1.º queda largo y el 2.º corto. Llevando *fue* al principio del 1.º hemistiquio, la cesura o pausa hemistiquial, generada por el hipérbaton, reaparece muy clara detrás de *Ualuanera* y el hemistiquio queda cabal; el 2.º se reajusta anteponiendo el adj. *buen* al sust. *abbat,* como en CLXXXIb, cfr. además, LXXXVIIId: *buen lego, buen ordenado.* La anteposición de *bueno-a* al sustantivo es muy frecuente en los poemas de Berceo, ya que es un recurso cómodo para completar la medida del hemistiquio.

LXXXVIIIa) *qui* el que, hiper. El uso del pronombre *qui* por *el que* está suficientemente registrado en todas las obras de Berceo, cfr. Ib, XXXIVd, LXXIVb, LXXXIXb, CVIId, etcétera; b) *Lorent* Lorente, hiper.

LXXXIXb) *cascuno* cada uno, hiper., vid. nota XIIIb;! *devié* deuja, hiper.; d) *podrié* podría, hiper.

xca) *son nuestros* son los nuestros, hiper. Ante el posesivo, Berceo unas veces emplea el artículo y otras no, cfr. LXXXIc, LXXXIIc, CId, CVa, y en plural XXXVIIb, CXXVIb, etc. La fluctuación del empleo del artículo ante el posesivo se ve claramente en la citada XXXVII, cuyo verso a) lleva artículo, mientras que el b) no lo lleva.

xciib) *avié* auja, hiper; *qui* la que, hiper., vid. nota LXXXVIIIa; d) *pora la que* para quien, hipo.

xciiia) *vistié* vistia, hiper.

xciva) *avié* auja, hiper.

xcvb) *paresçién* paresçian, hiper; c) *sanctidat* claridat. Si el pronombre *los otros* se refiere a *los justos* (v.a.), parece más lógico que la lección original fuese *sanctidat*, comp. *mayor sanctidat, mayor claridat; menor sanctidat, grant obscuridat*. En este caso, el sujeto de *tenebrosas* no puede ser *los otros*, sino un pronombre femenino *(las de)* que hay que suponer implícitamente antepuesto a *los otros*. Se trata de una construcción anómala, pero no se olvide que en Berceo abundan las elipsis y se suprimen muchas partículas, necesarias en una construcción lógica. También se podrían explicar estos versos refiriendo el pronombre a *las letras,* en cuyo caso habría que ponerlo en femenino. Sin embargo, aunque esta solución simplifica las cosas, la idea que se expone en la cuaderna está más de acuerdo con la primera explicación, ya que atribuir a *las letras* cuatro adjetivos en gradación ascendente, *más so rienda, menor claridat; más tenebrosas, de grant obscuridat,* no parece muy apropiado al caso.

xcvia) *podié* podia, hiper.; b) *querrié* querria, hiper; c) *podrié* podria, hiper.; d) *serié* seria, hiper.

xcviiib) *end* ende, hiper.

CId) *aduxieron* traxieron, hipo. Para *aducir* cfr. S.Dom. 112b, 267d, 271a, 280c, 339a, 406c, etc.

CIIIb) *pidié* pidia, hiper.; d) *vidieron* ujeron, vid. nota XLVIc.

CVIIa) *much* mucho, hiper.; c) *en mundo* en el mundo, hiper. Lo superfluo del artículo es evidente, pues, como es sabido, Berceo, detrás de las prep. *a, en,* lo pone, o lo suprime, según lo pida el metro, cfr. XXVIIb, XXXIIIa, XLIXb, Lc.

CVIIIb) *nul temor* temor, hipo. Para la adición de *nul* vid. XCb; c) *mi* el mj, hiper. vid. nota XCa.

CXa) *tanto* tu, hipo. comp. CIXa.

CXIId) *avié* auja, hiper.

CXIIIc) *doliésse* doliasse, hiper.

CXIVd) *fazié* fazia, hiper.; *misericordia* misecordia. Evidente error de copista.

CXVb) *cumplié* cumplia, hiper.; d) *querié* queria, hiper.

CXVIIa) *podrién seer* podria auer. Como *passados* (=transcurridos) es intransitivo, el sujeto es *onze meses* y, por tanto, el verbo modal *podría* debe ir en plural y *auer* debe sustituirse por *seer* que es el propio de estas perífrasis con participios de verbos intransitivos, vid. Pidal, *Cid,* I, pág. 359 y II, págs. 786-7; c) *much* mucho, hiper.; d) *avié* auja, hiper.

CXVIIIb) *grant* grande, hiper.; *escriptas* escripta. Evidente error de copista; c) *partié* partia, hiper.; d) *tenié* tenja, hiper.

CXIXd) *dulz* dulce, hiper.

CXXa) *serié* seria, hiper.; b) *avié* auja, hiper.

CXXIb) *venién* uenjan, hiper.

CXXIIc) *vençié* vençia, hiper; d) *trayén* trayan, hiper.

cxxiiia) *trayén* trayan, hiper.

cxxvc) *valient* ualiente, hiper.; d) *avrié end* auria ende, hiper.

cxxvib) *tanto* tan, hipo. Tal vez habría que transponer el orden y leer *tanto yazer viçiosas,* en vista de lo que dice Pidal de los adverbios de cantidad (*Cid,* I, págs. 418-19).

cxxviic) *yemdos* gemjdos, hiper. Para *yemdos* vid. DCELC. s.v. Gemir, donde Corominas propone esta corrección. Lida (*Notas,* pág. 20, n.2) propone reajustar el hemistiquio con la voz *strannos;* la dificultad de articular por separado la *s* final de *gemjdos* y la inicial de *strannos* nos hace preferir la corrección arriba propuesta.; d) *entrar* de entrar, hiper. Suprimo la prep. *de,* en base a la frecuencia con que Berceo prescinde de partículas relacionantes.

cxxviiid) *venién* uenjan, hiper.

cxxixc) *avién* aujan, hiper.; d) *adonada* adouada. El sentido del verso exige *adonada,* como se lee en Ms.I y en Sánchez. Se trata, sin duda, de una errata del copista.

cxxxia) *humilidat* humjldat, hipo. vid. nota XXVb.

cxxxiia) *avié* auja, hiper.; d) *serié* seria, hiper.

cxxxivb) *preguntóli* preguntola. Tanto Ms.I como Sánchez, *preguntola.* No obstante, debe corregirse por la forma de dativo *li* (o *le*), pues Berceo emplea siempre los pronombres complementos con toda regularidad: *los, las* para el directo masculino y femenino, *lis* (o *les*) para el indirecto de ambos géneros. (Vid. Lanchetas, *Gramática,* págs. 915-16.)

cxxxvc) *sovieres* estouieres, hiper. vid. nota XVIIc.

cxxxviid) *estonz* estonze, hiper.

cxxxviiic) *fuert* fuerte; *d'enfermedat* de enfermedat, hiper. No veo otra solución que aceptar la crasis. Tal vez cabría sustituir *enfermedat* por *maleta,* registrado en *Signos* 22d, cuyo significado parece ser 'mal' (moral), (DCELC. s.v. Maleta), y entendido en S.Or. como 'mal' (corporal).

cxxxixa) *muert* muerte, hiper.

cxla) *yazié* yazia, hiper.; b) *sedié* estaua, hiper., vid. nota XVIId; c) *cascuno* cada uno, hiper., vid. nota XIIIb; d) *tenié* tenja, hiper.

cxlib) *fazié* fazia, hiper.; c) *querié* queria, hiper.; *avié* auja, hiper.; d) *querié* queria, hiper.

cxliib) *Mont* Monte, hiper.

cxliiid) *podrié* podria, hiper.

cxlivb) *venién* uenjan, hiper.; c) *e vestir* e de uestir, hiper. La prep. es superflua; d) *querién* querian, hiper.

cxlvd) *vidiera* ujdieran. Tanto Ms.I, como Sánchez, traen el verbo en plural; sin embargo, el sujeto es Oria, de manera que el verbo tiene que ir en singular.

cxlviia) *podié* podia, hiper.; b) *querié* queria, hiper.

cxlviiib) *querrié* querria, hiper.; c) *sedié* estaua, hiper., vid. nota XVIId; d) *podrié* podria, hiper.

cxlixa) *aviélis* aujalis, hiper.; b) *siquiere* siquiera. Según Corominas (DCELC. s.v. Querer) la forma con -a es posterior al siglo XIII, y se formó por analogía con *cualquiera, quienquiera,* etc. La forma propia del siglo XIII es *siquiere,* o con apócope *siquier.* Así, en Milag. 346d, el Ms.4b (=F), trae *siquiera,* mientras que el Ms.I (=Q), trae *siquiere;* c) *sedié* estaua, hiper., vid. nota XVIId; d) *sintié* sintia, hiper.

cla) *dizié* dizia, hiper.; b) *dizié* dizia, hiper.

clia) *sedién* sedian, hiper.; nótese lo obligado de la rima -ién, a causa de *bien;* b) *vedién* vedian; *entendién* entendian, hiper.; c) *avién* aujan, hiper.

cliid) *querié* queria; *podién* podian, hiper.

cliiib) *oirás* e oyras, hiper. Como *oyras* es siempre trisílabo, el hemistiquio es hipermétrico. Se suprime la conj. *e,* quedando las dos oraciones en unión paratáctica, asindética, más de acuerdo con la sintaxis de Berceo.

CLIVa) *que lo oyó* que oyo, hipo. Vid. nota Xa.

CLVIa) *Muño* don Munno, hiper. Se suprime *don*, adecuado en CLIIIc, por estar en boca de las dueñas que acompañan a Oria, pero no aquí, ya que Berceo nunca emplea el tratamiento de *don* para referirse a Munio, cfr. VIIIa, CLXIab, CLXIIc, CLXXIIIc. c) *querriémoslo* querriamos lo, hiper.

CLVIIc) a Monte Oliueti / fuj en vision leuada. Como *visión* es siempre trisílabo en Berceo, el 2.º hemistiquio resultaría hipermétrico. Transponiendo *fui* al principio de verso, se regulariza el 2.º hemistiquio, y se reajusta el 1.º con el apócope de *Mont*; comp. con CXLIIb, que ofrece una construcción idéntica.

CLVIIId) *guarrié* guarria, hiper.

CLXb) *verié* ueria, hiper.; c) *si yo oviesse* sy oujesse, hipo. Para la adición del pronombre, vid. nota Xa. Tenemos aquí un caso de Haber+Infinitivo, sin preposición, que señalo por lo poco frecuente (vid. Pidal, *Cid*, I, págs. 351-52; Alvar, *Apolonio*, I, págs. 412-13), y cuyo sentido no vi claro en *El Poema* (pág. 61).

CLXIc) *perdriés* perdrias, hiper.

CLXIVd) *bistié* bistia, hiper.

CLXVIc) *poquiello folgar* poquiello a folgar, hiper. vid. nota XXXIXd.

CLXVIId) *yazié* yazia, hiper.

CLXIXb) *podrié* podria, hiper.; d) *querién* querian, hiper.

CLXXIIc) *sabié* sabia, hiper.; *serié* seria, hiper.; d) *fincarié* fincaria, hiper.

CLXXIVb) *priso* aprendio, hiper. Para la forma *priso* con este significado, vid. S.Dom. 36d; c) *end* ende, hiper.; d) *end* ende, hiper.

CLXXVIa) *m'afincades* me affincades, hiper. También cabría suprimir el pronombre átono.

CLXXIXb) *boca* a boca, hiper. Se suprime *a*, innecesaria.

CLXXXb) *al Reï* al buen Rey. Para *Reï*, vid. nota LXIXa.

CLXXXIa) *avié* auja, hiper.; d) *fazién* fazian, hiper.

CLXXXIIb) *ricament* rica mente, hiper.

CLXXXIVd) *meresçié* meresçia, hiper.

CLXXXVIIId) *teniése* tenja se, hiper.

CLXXXIXb) *demostról a Amuña* demostro li Amunna. Ms.I repite *demostró li Amuña,* pero Sánchez *demostroli a Amuña.* Como la prep. *a* es, en efecto, necesaria ante el dativo Amuña, la incluyo, y reajusto el hemistiquio apocopando el pronombre enclítico *li.* No obstante es muy posible que la lección del original fuese *mostroli a Amuña,* como en XXVIIb.

CXCb) *çincüesma* ciscuesma. Ms.I, *ciscuesma,* pero Sánchez, *cincuesma.* La forma con *s* es incorrecta. Lida (*Notas,* 33), siguiendo a Pidal (*Cid,* II, págs. 577-78, (propone la forma *cincuaesma* para evitar la violenta diéresis de *cincüesma,* alegando, además, que esta forma es posterior a Berceo. No obstante, Corominas (DCELC. s.v.=Cinco) registra para Berceo y *Las Partidas* la forma *cinqüesma,* sin corregirla; d) *muchas vegadas* muchas de uegadas, hiper. comp. XLIIc.

CXCIIa) *fazién* fazian, hiper.; d) *end* ende, hiper.

CXCIIIb) *como Resurrectión* como es Resurrection, hiper. Se suprime el verbo Ser, innecesario.

CXCIVb) *en altar* en el altar, hiper., vid. nota CVIIc; d) *allá quiero* alla me quiero, hiper. Se suprime el pronombre átono, innecesario.

CXCVa) *pro* e pro, hiper. Suprimiendo la conjunción quedan las dos oraciones en unión asindética, más de acuerdo con la sintaxis berceana.

cxcvic) *fazedes* fazes, fija, hiper. Se suprime el vocativo *fija*, cambiando la persona verbal *fazes* por el plural *fazedes*, ya que Amuña trata a su hija de *vos*, después de muerta, comp. el 2.º hemist. de este mismo verso y CXCVId, CXCVIIabcd, CXCIXab, CCIab.

cxcixb) *soviestes* estoujestes, hiper., vid. nota XVIId; d) *sovi* estouj, hiper., vid. nota XVIId.

ccb) *ca bien* bien, hipo. Para la adición de *ca*, comp. con Milag. 130ab, cuyos versos son análogos a los a) b) de esta cuarteta. Para hemistiquios comenzando por la conj. *ca*, cfr. S.Or. XLd, XLIIIc, CXLIIa, CLb, etc.

ccivb) *formarié* formaria, hiper.

GLOSARIO

En este glosario se recogen aquellas voces que por haber caído en desuso, por emplearse hoy con otro sentido, o por haber cambiado su forma, pueden plantear dificultades de comprensión. Cuando una misma palabra ocurre en el poema con más de un sentido, se da un ejemplo de cada uno de sus significados, acompañado del verso en el que ocurre.

Las palabras corresponden al texto crítico y se copian tal como aparecen en él. Aquellas cuyo significado ya ha sido comentado en las notas aclaratorias al texto, aquí no van seguidas de su significado; sólo damos el número de la cuaderna y verso en que fue comentada, precedido de un asterisco.

ablentada   *CXXd.

acithara   del ár., tapiz LXXXIa.

acordada   *bien a.* sensata, cuerda LIIc; *mal a.* insensata CXXXd.

acordadas   acordes, concordes, de acuerdo CLIXd.

acordarvos   acordaros XXIVa.

acostar   acercar, llegar, arrimar CLXIIIc.

adebdada   deudora, obligada CLVIIb.

adobo   adorno, atavío XCVIc, etc.

adonada   llena o colmada de dones CXXIXd.

aduxieron   trajeron, llevaron CId.

afincar   instar, insistir con ahinco CLXXVIIc, *afincades* CLXXVIa, *afincasse* CLIIc.

aforçada   confortada, animada XXXIVd.

Agatha   *XXXc, etc.

agora   ahora LVIId, etc.

aguardava   escoltaba, acompañaba, seguía LIVc.
aguijosas   punzantes, ásperas CXXXVIa.
aguisadas   arregladas CXLIVc; *aguisado* CLXXXIIb, etc.
aguisas   dispones, preparas *XXXIXc.
ál   lo otro, lo demás, otras cosas XLb, etc.
alfoz   del ár., distrito, comarca LXXXId.
alongada   alejada, apartada CXIIc.
alta   elevada, importante XCIb; *más altas* más arriba LIc.
alçarme   dejar, pasar a otra cosa CCIVd.
allegado   llegado LXIXc.
amargo (viento)   *LXXXIIIc. ·
Amunia   XIc, etc.
anchura   espacio, terreno llano, explanada CXLIIIa; abundancia CLVIIIc.
andidieron   anduvieron CIc.
angustura   angostura CLXXXIVb.
anochezrá   anochecerá Xc.
ante   antes XXIIa; *ant* LXXIIa, etc.
apesgada   agobiada CLXVc.
aplanadas   en planicie, en llano XLVIb.
apremida   oprimida, dominada LVIIc.
apriso   aprendió XVIIIa.
aquesta   ésta LVd.
aquelli   aquél LXXXVd.
aquilón   Norte, viento que sopla del Norte LXXXVIa.
asmava   pensaba, consideraba CVa.
assí   así, de esta manera XXIVd; tanto, de tal manera XXXIXc, etc.
atordida   aturdida, desconcertada LXVIIIc.
ave   ha, tiene CIVc.
avés   apenas XLId, *abés* CXXXIIa.
aína   pronto CVIId.
az   haz, fila LXXa, etc.
azconas   venablos, lanzas arrojadizas LXXXVIIc.

baraja   lucha, pelea XVIc.
Bartolomeo   *LVIIIc.
baticores   *CXVIc.
beltat   belleza XXXd.
bellidas   bellas XXXIId.
benedicta   bendita CXc, etc.
benediga   bendiga *CXXIIId.

biervo palabra CXXXIIa.
blagos báculos, bastones LXIb.
boca (de noche) *CLXXIXb.
bordones bastones LIb.

ca pues, porque, que Vabc, etc.
cabazones acabamiento, final CCIVc.
cabdiellos caudillos XCa.
cabo extremo; *en cabo* al final, en el extremo XXd; *de cabo* *CVIIIa; *del cabo* del fin CLXXIb.
caboso *LXXXVIIIc.
cadría caería CXXXId.
calabrina *CVIIb.
calaña semejante, igual LVd; *calaños* *XIXc.
calonges canónigos LVIIb, etc.
cameña cama, camastro CXXd.
captenençia semblante, aspecto CXXIIb. (Alvar, *Nota sobre captenencia*).
carrera camino, viaje XXXVc, etc.; camino de la vida CLXXIb.
cascuno cada uno XIIIb.
casiella celda CXd, etc.
castigo enseñanza, consejo LXIIIa; igual significado en las formas verbales.
catando mirando, viendo LIIc; igual significado en las demás formas de este verbo.
Cataña Catania, ciudad de Sicilia XXXc.
Cecilia *XXXIa, etc.
çelicio cilicio XXIb.
çellerer cillero, el que administraba los diezmos CLXVIa.
çertanidat certeza CLXXXIIIa.
Çesar LXXXVIIIb.
çiclatones del ár., seda adamascada brocada de oro CXLVb.
çiella celda CXXVIIIb, etc.
cincüesma Pascua de Pentecostés CXCb.
clamar llamar CLIIa; *clamáronla* LXXVIIIa.
coçeadas *XXXIIIc.
cochura escozor, disgusto CXXVIIc.
coitada cuitada, apenada CLXXIIb.
comendado encomendado, reservado XCVIIIa.
compassadas igualadas XLVIc.
complida completa, perfecta Vc, etc.

complimiento cumplimiento, plenitud XLVIIId, etc.

complir cumplir, realizar XLVc; igual significado en las demás formas de este verbo.

confita *CXXXIIc.

confradía cofradía CXIIIb, etc.

confuerto consuelo, conforte XXVd.

conortada confortada XXXIVc, etc.

contra hacia XLIVb, Ld; frente a, en comparación a CLVd.

conviento convento, reunión o grupo de personas LXXXIIIb, etc.

corales *CCIIIc.

cormana contigua, vecina *CLXIVb.

cort corte, reunión LIVb.

cras mañana, el día siguiente CLXXd.

criazón hijo XVb; gremio LXXXVIb.

cuentos *LXIIIc.

cueres corazones LXVIIc.

cuidava creía CXIIIa; *se cuidavan* se temían CXLVIIb; *cuidó* creyó CXLIId.

curso tiempo CLXVIIId.

deçebida engañada XLc.

deliçio delicia, placer XIVc.

della de ella CIb; *delli* de él CLXXXIId; *dello* de ello *IXa.

demostrardes mostraseis LXXVIIb: *demostról* CLXXXIXb.

dende de allí XVIIId.

derecheros justos CLXXXVIa.

derecho justo, razonable CXXVa.

desarrada desconsolada CLXXIId.

desarramiento apuro, confusión LXVIIIc.

desconvenientes inconvenientes XVIIId.

desemparó desamparó, abandonó, dejó XXa.

desmedrida acobardada CIXa.

despartir partir, separar CXCVId.

desque desde que XIXa, etc.

destajar acortar, interrumpir CLXIIIb.

destas adj. de estas CLVIa, *desti* de este CXXXIXb.

desto pron. de esto CXXIVc.

deudor *LXXVd.

dexada dejada CLVa: igual significado en las demás formas del verbo Dejar.

dezides decis LXXIVd; igual signi. en las demás formas del
  verbo Decir.
dictado *IIb.
do donde XLc, etc.
doblados *LXVIIa.
dur duro; *de dur* difícilmente XLIXd.

elli él IXb.
embargada turbada XXXIVb; obstaculizada CXa; afligida,
  mortificada CXXXVIIIc.
embargava estorbaba LXXIXa.
embargo dificultad LIIIb, etc.
embergonzada cohibida LXXIIa.
empara ampara, ayuda LXXXIc.
emparedada reclusa *XXb.
encara aún, todavía CXVIId.
encontrado encuentro CXXXIIb.
end ende de ello XVIId; por ello LXXXVIId; de allí
  CXXIXa, etc.
enfiesta alta, elevada XLId, etc.
enfogar ahogar, morir CLXXVIId.
engastonada engastada LXXXc.
entecado enteco, enfermo, tullido CLVIIId.
entrar entender CCIb, CLIId.
entre *XXXVIIc.
Erodes Herodes CCIIb.
escantador *CVIIId.
escarnir escarnecer CLXXXVIId.
escontra contra, hacia LXXXVIa.
espedir despedir CLXXXVIIa.
espertar despertar CXLVIIIb; *espertó* CXId.
essi adj. ese LXIXc, etc.
este adj. LXVIa; *est* XLa; *esti* LXXVc, etc.
esti pron. LIXb.
estonz entonces XLIIId, etc.
Eügenia *XXVIIIb.
Eva LXIIId, etc.

fablar hablar XIa; igual significado en las demás formas de
  este verbo.
fabliella hablillas, fábula LXXXIId.

fagan hagan CLXXXVIc; igual significado en las demás formas de este verbo.

falago halago CXXXIVa.

falla halla, encuentra CXXIVd; igual significado en todas las demás formas de este verbo.

faré haré CIXc; igual significado en todas las formas de este verbo.

fascas casi, apenas CLXVd.

fazienda *VIIIb; *XVIb.

fecho cosa CXXVc, *fechos* XVIIc.

felix feliz, dichosa XCIId.

femencia vehemencia, empeño, afan XIVb.

fetillada angustiada, afligida CLXXXVIIIb.

fincar quedar, permanecer CIId; igual significado en las demás formas de este verbo.

finiestras ventanas XLIXc.

flaca débil CXXc; *flaco* CXXVb.

folgada descansada, aliviada CXLIId.

folgar sosegar CXLVIIa; descansar CLXIIId, CLXVIc; *fuelga* CLXIIc.

folgura holgura CXLIIId, etc.

folía locura, vanidad LXXXVd.

foradadas horadadas, abiertas XLIXc.

foradava traspasaba, penetraba XXVId.

freira monja, hermana LXb, etc.

frisa tela, género de lana CXXIb.

fruente frente CLXXIXd.

fuert fuertemente, muy, mucho CXXXVIIIc.

fuyóli huyole, le desapareció CCIIIc.

Galindo *LIXc, LXXXVa.

ganariémos ganaríamos LXXIa; igual significado en las demás formas de este verbo.

García XId, etc.; *LXIVb.

gasajado compañía CLIIId (DCELC, s.v. Agasajar).

gelo se lo CLc, etc.

Genüa *CXXId.

Gomez LVIIId; *LXVb; *CLXVIa.

Gonzalo CCVa.

gradosas con agrado, con gusto CXLIVb.

granados abundantes, numerosos CLXXXVIb.

grant grande Vd, etc.

guarda mira, observa XLb; *guardariémos* cuidaríamos, atenderíamos CLXVId; *guardó* cumplió CCb.

guarida (tenerse por g) darse por satisfecha CLXXXVIIId.

guarimiento salvación, salud LXXXIIId.

guarrié curaría, sanaría CLVIIId.

guionas guías LXXXVIIa.

he aquí *CXXIVc.

heredada situada, colocada CCIIa.

humilidat humildad XXVb, etc.

Isaía *CXXXVIb.

Jacob *XLIIIa.

jejunios ayunos CXVc.

Justa LXXVId.

labriellos dim. de labios XVIIIc.

lazerio penitencia, sufrimiento LXIXd, etc.

lazrar lacerar, sufrir, padecer CIVc; igual signif. para las formas deriv. de este verbo.

Leandre *CLXIVb.

lechiga lecho, cama CXXIIIa.

lectión lección Va, etc.

letiçia felicidad, alegría, LVIId.

levada llevada LXVIb, etc.

levar llevar CLXIIId; *levaron* CXIb; *levó(la)* LXXIXc; *liévate* levántate CXXIVa.

leyenda texto latino XVIa.

leyerdes leyeseis XXIVd; *leyes* XXXVIIb.

li le IVb, etc.

lieve quizá, acaso CVd.

lit lid XLIIId.

luego *IIIa; al punto, inmediatamente XXXIVc, etc.

luengas lejanas, alejadas XXIId.

majestat majestad CIIb, etc.

maguer aunque, IIa.

maguera si bien, no obstante CXLIb.

mançebiella joven LXXXIIa.

mandado noticia, nueva, mensaje XCVIIa, etc.

María CXXXVIa.

martiriava martirizaba XXIc, etc.

massellano *CXLVIb.
Massiella *LVIIId.
matinada *CXd.
matinas maitines XXIXa.
maxiella *CXLd.
meatat mitad CXXa.
Melérida *XXXd.
memoria cult. recuerdo (DCELC, s.v. Membrar)
　XXXVIIIc.
mendiga *CXXIIIb.
meresçientes merecedores XVIIb.
meridïana *CLXIVc.
mester trabajo, labor Xd.
mesura medida; *sobre mesura* abundante CXLIIIc.
mientre mientras, en tanto que CLXXVd.
mintré mentiré CLVIIa.
molsa *CXXd.
mollura, blandura, suavidad CXXIVb.
Monio *LXXXIV.
Muño VIIIa, etc.
morador *LXXVd.
musar *CXCVIId.

nadi nadie, ninguno CLc.
Natal Navidad CXCIIIb, *CXCIVa.
naves *CLXIId.
negrada *XXa.
nul ningún CXb, etc.
nulla adj. ninguna LXXXVd, etc.

o *CXCIId.
obradas en obra XLIIb.
oídes oís LXXIVa; *oyestes* oísteis CXCIXcd.
Olalia *XXXd, etc.
ond onde donde XXd, etc.
Oria *IVcd, etc.
otri pron. otro XVc.
ovi tuve CVIb; *ovo* tuvo XVIc, etc.

pagado complacido, satisfecho, contento IIc, etc.
pagamiento alegría, satisfacción XLVIIIb. etc.
pagávase complacíase XIXb.

parientes padres XVIIa, XVIIIa.
partida separada CLXXXVc.
pascua fiesta XIVc.
passar morir CXLVIIb; CLXVId; *passada* CLXXIIc.
passadas pasos CLXXXIVb.
passamiento muerte, tránsito CLXXXIa.
passiones *XXXVIIa.
peaños *XIXd.
pecadriz pecadora CVIIa, *LXXVd.
pecha paga, tributo XIIIb.
Pedro *CLXXXIb.
péñolas plumas LIb.
pero que aunque LXVc, etc.
piedes pies CXXXId.
Pisa *CXXId.
plegó llegó CXXXIIb.
poquiello CXIc, etc.
porfazo humillación, afrenta, pena CXXXVb.
porfidiosas porfiadas, obstinadas CXXXVIc.
poridat *VIIc.
por que *XXVIa.
portalejo *CCVb.
predigas proclamas, manifiestas XXXIXd.
prenden toman CXCIIIc.
priesas prisas CCIVc.
primería principio, inicio IIIa.
priso captó, cogió CLXXIVb.
privado pronto, *Xc.
pujar subir XLIVb; *pujava* XLIc, etc.
punaron pugnaron, se esforzaron XIIc.

quando puesto que CLXXVIIIc.
quanto *XVIIIb.
querimonia queja, disgusto CLIVd.

raciones *LVIIId.
razonado *VIIIc.
razones *XXXVIIb.
reclusa emparedada XXVa, etc.
refirién *LXIIIc.
rencura pena, lástima CXXIVd.
responsos *LXVIIa.

retrecha *XIIIc.
ribadas arribadas, llegadas XLVIa.

sabor gusto *CLXIIa; *mal sabor* disgusto CXIIb.
saborgada complacida, gozosa CXLIIc.
sabrosa agradable, placentera XLVIIb, etc.
saliero *CVIc.
Sancho *LXIVd; *CXLVIb.
Sant Andrés CXIXb.
Sant Estevan LXXXVIIIa.
Sant Gregorio *CLXIVb.
Sant Lorent LXXXVIIIb.
Sant Millan de Suso CLXXXIIIc.
Sant Pablo Va.
Sant Pelayo LVIb.
Sant Vicente *LXXXVIIIc.
Saturnino *CXIXa.
sedas cerdas CXXVIa (DCELC. s.v. Seda).
sedién estaban XVIId, etc.; *seo* CVIc; *sodes* CXCIId;
   soviestes CXCIXb; *sovieres* CXXXVc.
sen sentido, juicio XXIIId.
sobreseñada *XCIIIc.
señeras señas LXXVIIIc.
seror hermana, religiosa LXXVIb, *LXXVd.
sí *CLXXc.
signas señas CLXIXd.
siquier siquiera *CXLIXb.
so soy IIa, etc.
so bajo, debajo XCVc, etc.
sobejo extremado, mucho CXIId.
sobir subir XXXIXd; *sobí* XLIIc; *subi* CXXIVb; *subrié*
   LIIId.
somo encima, en alto XLVd, XLVIb.
soñosa soñolienta CXXXa.
sopo supo VIIIb, LIXd.
sossaños mofas CXXVIIa (DCELC, s.v. Sosañar).
suso arriba XXIVa, etc.

taliento voluntad, gusto XLVIIIc, CVc.
tamaña tan gran XCIXb.
tañida (mal tañida) enferma CLXVIId.

tanso tocó *CXLVIc.
terrasla tendrasla CXXXVIIId; *tobierdes* CLXIIIb.
tiento tino, prudencia, tacto CLXXXIb.
toller quitar, apartar XCVIa.
tornaro tornare, tornase *CVIIb.
traerla menearla, moverla CXLVIId (DCELC, s.v. Traer).

Urraca *LXXIIIb.

Valerio *LXXXVIIIc.
Valvanera LXXXIVd.
valient *CXXVc.
vaños *CXXVIId.
varrio *LIXb.
vegada vez Cb; *vegadas* XLIIc, CLXXXIIc.
Vellayo *LIXb.
vergas varas, bastones Lc.
vermejón bermejo, rojo LXXXVIc.
verná vendrá CIVd.
vezada avezada, acostumbrada *CXXVIId.
vecera con alternativas *XLIIId.
viento *LXXXIIIc.
Villavellayo *XIb, etc.
vierbo palabra CXXXIIa; *vierbos* XVIIId.
visco vivió *LXXIIIc.
Voxmea LXXXIIb, etc.

Xemeno *LIXa.

y ahí, allí LIVb, etc.; cón ello LXXVIId.
yazer estar Cc; *yazié* XXIVb; XXXIVa; *yazen* CXVIb.
yemdos gemidos CXXVIIc.

CONCORDANCIA DE LA NUMERACIÓN
DE LAS ESTROFAS

1 - I	31 - XXXIV	61 - LXIV
2 - II	32 - XXXV	62 - LXV
3 - III	33 - XXXVI	63 - LXVI
4 - XI	34 - XXXVII	64 - LXVII
5 - VIII	35 - XXXVIII	65 - LXVIII
6 - XXIV	36 - XXXIX	66 - LXIX
7 - XVII	37 - XL	67 - LXX
8 - V	38 - XLI	68 - LXXI
9 - IV	39 - XLII	69 - LXXII
10 - X	40 - XLIV	70 - LXXIII
11 - XII	41 - XLV	71 - LXXIV
12 - XIII	42 - XLIII	72 - LXXV
13 - XIV	43 - XLVI	73 - LXXVI
14 - XV	44 - XLVII	74 - LXXVII
15 - XVI	45 - XLVIII	75 - LXXVIII
16 - XVIII	46 - XLIX	76 - LXXIX
17 - XXI	47 - L	77 - LXXX
18 - XXII	48 - LI	78 - LXXXI
19 - XXIII	49 - LII	79 - LXXXII
20 - XIX	50 - LIII	80 - LXXXVI
21 - XX	51 - LIV	81 - LXXXVII
22 - XXV	52 - LV	82 - LXXXVIII
23 - XXVI	53 - LVI	83 - LXXXIII
24 - XXVII	54 - LVII	84 - LXXXIV
25 - XXVIII	55 - LVIII	85 - LXXXV
26 - XXIX	56 - LIX	86 - LXXXIX
27 - XXX	57 - LX	87 - XC
28 - XXXI	58 - LXI	88 - CV
29 - XXXII	59 - LXII	89 - XCI
30 - XXXIII	60 - LXIII	90 - XCII

91 - XCIII	134 - CXXXVII	177 - CLXXX
92 - XCIV	135 - CXXXVIII	178 - CLXXXI
93 - XCV	136 - CXXXIX	179 - CLXXXII
94 - XCVI	137 - CXL	180 - CLXXXIII
95 - XCVII	138 - CXLI	181 - CLXXXIV
96 - XCVIII	139 - CXLII	182 - CLXXXV
97 - XCIX	140 - CXLVII	183 - CLXXXVI
98 - C	141 - CXLIII	184 - CCV
99 - CI	142 - CXLIV	185 - CLXXXVII
100 - CII	143 - CXLV	186 - CLXXXVIII
101 - CIII	144 - CXLVI	187 - CLXXXIX
102 - CIV	145 - CXLVIII	188 - CXC
103 - CVI	146 - CXLIX	189 - CXCI
104 - CVII	147 - CL	190 - CXCII
105 - CVIII	148 - CLI	191 - CXCIII
106 - CIX	149 - CLII	192 - CXCIV
107 - CX	150 - CLIII	193 - CXCV
108 - CXI	151 - CLIV	194 - CXCVI
109 - CXII	152 - CLV	195 - CXCVII
110 - CXIII	153 - CLVI	196 - CXCVIII
111 - CXIV	154 - CLVII	197 - CXCIX
112 - CXV	155 - CLVIII	198 - CC
113 - CXVI	156 - CLIX	199 - CCI
114 - CXVII	157 - CLX	200 - CCII
115 - CXVIII	158 - CLXI	201 - CCIII
116 - CXIX	159 - CLXII	202 - CCIV
117 - CXX	160 - CLXIII	203 - VI
118 - CXXI	161 - CLXIV	204 - VII
119 - CXXIX	162 - CLXV	205 - IX
120 - CXXX	163 - CLXVI	
121 - CXXXI	164 - CLXVII	
122 - CXXXII	165 - CLXVIII	
123 - CXXXIII	166 - CLXX	
124 - CXXXIV	167 - CLXXI	
125 - CXXXV	168 - CLXIX	
126 - CXXII	169 - CLXXII	
127 - CXXIII	170 - CLXXIII	
128 - CXXIV	171 - CLXXIV	
129 - CXXV	172 - CLXXV	
130 - CXXVI	173 - CLXXVI	
131 - CXXVII	174 - CLXXVII	
132 - CXXVIII	175 - CLXXVIII	
133 - CXXXVI	176 - CLXXIX	

ÍNDICE DE LÁMINAS

SE TERMINÓ
DE IMPRIMIR ESTA OBRA
EL DÍA 10 DE JUNIO DE 1981

clásicos Castalia

TÍTULOS PUBLICADOS